DE LA
PROPRIÉTÉ
DANS SES RAPPORTS
AVEC LE DROIT POLITIQUE.

DE LA
PROPRIÉTÉ

DANS SES RAPPORTS

AVEC LE DROIT POLITIQUE.

A PARIS;

Chez G. CLAVELIN, Libraire, rue
Hautefeuille, n°. 5, près S. André-
des-Arcs.

1792.

LETTRE

A M***.

Sur le systême de deux Chambres indépendantes ou de la balance des trois pouvoirs.

———————

AVEC beaucoup d'esprit et d'érudition, Monsieur, vous ne m'avez point convaincu, et je n'en persiste pas moins à croire que : *tout gouvernement libre est essentiellement démocratique.* Je ne serai pas si savant que vous, mais il me semble que je vous envoie d'assez bonne logi-

A

que à laquelle je ne prévois pas de réponse.

Qu'est-ce que la démocratie ? C'est un gouvernement dans lequel la majorité du peuple est le seul pouvoir *indépendant*.

Qu'est-ce que cette Constitution mixte que vous regardez comme la seule compatible avec la liberté ? C'est un gouvernement composé de plusieurs pouvoirs *indépendans* les uns des autres.

Ainsi, pour former votre gouvernement favori, il vous faut d'abord plusieurs pouvoirs *indépendans*, de manière que le peuple, au lieu d'être *tout*, ne soit plus que l'un de ces pouvoirs, et que la *démocratie* ne soit plus la souveraineté, mais seulement une des parties intégrantes de la souveraineté, conjointement avec les branches monarchique et aristocratique, comme dans la Constitution angloise.

Or, je vous le demande, par quels moyens parviendrez-vous à créer ces pouvoirs *indépendans* ? Quels élémens le peuple a-t-il, pour tirer de son sein des pouvoirs qui deviennent *indépendans* de lui ? Comment pourra-t-il conférer à quelques-uns une supériorité qu'il n'aura plus ensuite le droit de leur ôter? Enfin, par quelle voie une minorité quelconque acquerra-t-elle une *indépendance* sur la majorité dont elle tient originairement son pouvoir?

Vous avouerez que pour obtenir ces pouvoirs *indépendans* du peuple, il faut avoir recours à quelqu'un de supérieur au peuple ; car vous ne lui persuaderez jamais, qu'il ait créé un pouvoir qu'il ne puisse plus défaire. Il faut donc de toute nécessité que vous admettiez l'in-

tervention du ciel ou de quelqu'autre genre de puissance née
de l'imagination, pour trouver
un point d'appui à vos institutions *indépendantes*, et pour leur
fournir un titre qu'elles puissent en tout tems proposer au
peuple, quand il voudra leur
contester l'*indépendance*. Les
rois et les aristocrates, quoiqu'ils fassent, ne peuvent ap-
puyer leurs droits que sur une
mission de Dieu ou sur le choix
du peuple. Dans le premier cas,
je reconnoîtrai volontiers leur
indépendance, sous la condition
indispensable qu'ils me justifie-

ront d'abord de leurs pouvoirs ; dans le second cas, ils ne sont que les *délégués d'une démocratie*.

Mais ils ont toujours eu tant d'horreur et d'effroi de ce dernier titre, qu'ils n'ont rien épargné pour se donner l'autre, et que pour plus de sûreté, ils ont toujours uni *Dieu* et *l'épée*. Ces deux mots sont l'histoire complette du genre humain, depuis ses plus anciennes annales jusqu'à nos jours, et la théocratie armée luttant contre l'indestructible sentiment de l'égalité, vous offre l'abrégé de toutes les révolutions des Empires.

Les prêtres de l'antiquité, grâces aux vierges que la piété leur amenoit, fournissoient le monde de ces races de dieux et de demi-dieux, despotes-nés des peuples, et nos monarques modernes sont encore des hommes consacrés et revêtus d'un caractère céleste au moyen de l'huile sainte que leur impriment les ministres du Tout-Puissant. Vous ne trouverez pas un seul législateur qui n'ait été le fils ou l'inspiré de quelque dieu. Il n'est pas une de ces races privilégiées qui oppriment les hommes dans les différentes parties de l'Asie, de

l'Afrique , dans quelques endroits de l'Europe, et chez les
peuples indigènes de l'Amérique, qui ne tire son origine du
soleil, du feu, d'une divinité du
premier ou du second ordre, où
tout au moins d'un prophête (1).
La noblesse féodale née de toutes
les superstitions anciennes et
modernes , secondées par la
force, ne s'est soutenue jusqu'ici
que par la plus fantastique des

____

(1) « Les Natchès adorent le Soleil ;
» et si leur chef n'avoit pas imaginé qu'il
» étoit le frère du Soleil, ils n'auroient
» trouvé en lui qu'un misérable comme
» eux ». ESP. DES LOIX, *liv.* 18, *ch.* 18.

illusions, en habituant les hommes à rapporter à un contemporain les souvenirs des siècles qui l'avoient précédé.

Sans doute, en créant de pareilles chimères, toutes les difficultés de la politique se trouvent levées, et c'étoit le secret du divin Platon : « Si les hommes ont » été heureux et justes, dit-il (1); » c'est qu'ils n'étoient point gou- » vernés, comme nous le som- » mes aujourd'hui, mais de la » même manière que nous gou- » vernons nos troupeaux. Car,

____

(1) *Liv. IV des loix.*

» comme nous n'établissons pas
» un taureau sur des taureaux,
» ni une chèvre sur un troupeau
» de chèvres; mais que nous les
» mettons sous la conduite d'un
» homme qui en est le berger;
» de même Dieu qui aime les
» hommes, avoit mis nos ancê-
» tres sous la conduite des esprits
» et des anges ».

Aujourd'hui que nous n'a-
vons plus ces esprits ni ces anges, ni rien qui leur ressemble,
qu'il ne nous reste plus que des
hommes de nature bien pareille,
je ne sais comment vous pourrez établir cette balance que vous

cherchez, et je ne vois pas comment, dans votre systême, la branche démocratique qui existe par elle-même et de son droit propre, pourra respecter longtems *l'indépendance* des deux autres branches qui n'existeront que par elle, et tiendront leur droit de sa volonté.

Cette *indépendance* se trouve, dites-vous, dans la Constitution angloise ? Oui, elle y est de *fait*, mais qu'est-ce que cela prouve pour le *droit* ? Si cette Constitution ne s'étoit pas établie sur d'anciennes ruines et qu'il fallût l'instituer aujourd'hui, je doute que vous vinssiez à bout d'en démontrer la justice au peuple d'Angleterre, qui n'a pas moins qu'un autre le sentiment de l'égalité. J'avoue que plusieurs nations ont prospéré sous de semblables gouvernemens ; mais en résulte-t-il qu'ils fussent libres ? N'y a-t-il pas aussi des hommes qui ont passé leur vie dans la servitude, et qui, soumis à des maîtres humains ou prudens, ont trouvé des douceurs dans cet état ? La Constitution angloise, que vous vantez pardessus tout, est-elle autre chose qu'une habile complication de chaînes

assez

assez artistement combinées, assez adroitement déguisées pour que le poids en soit presqu'insensible au peuple? Mais, répondez-moi, appelez-vous *liberté*, un état dont le peuple ne pourroit sortir que par violence, si telle étoit sa volonté? Une nation est-elle libre, quand l'insurrection est la seule voie qui lui soit ouverte pour changer la forme du gouvernement auquel elle est assujettie? Il y a très-loin de la *volonté* de la majorité à l'*acte* de l'insurrection. Il faut que le besoin du changement soit extrême, pour que cette volonté se manifeste bien hautement, pour que les hommes éclairés puissent en juger les effets, et pour que les plus hardis donnent le signal de la rupture. Le gouvernement qui a en sa possession la force publique, a tous les moyens d'arrêter les premières secousses et de prévenir un éclat général. Entre la volonté d'une nation paisiblement et légalement interrogée, et la colère d'un peuple qui brise violemment un gouvernement insupportable, la distance est immense. C'est la différence qui existe entre un homme jouissant de sa liberté naturelle et un esclave furieux qui rompt ses fers pour la reprendre. Vous conviendrez bien que si la majorité du peuple anglois ne vouloit plus ni *roi*, ni *chambre-haute*, il faudroit verser dix fois plus de sang pour détruire ces deux institutions aristocratiques, que pour renverser à Constantinople toute la puissance du grand seigneur.

S'il n'existe donc qu'un seul pouvoir *indépendant* de droit, le pouvoir du peuple, il en résulte qu'il n'y a de liberté politique, que là où le fait est d'accord avec le droit, là où le

peuple trouve dans la constitution même de son gouvernement
des moyens de manifester son
vœu et de le rendre efficace;
or, un pareil gouvernement,
sous quelque forme accidentelle
qu'il soit organisé, sera toujours
au fond une vraie démocratie.

Un Peuple qui consent à reconnoître une aristocratie *indépendante*, aliène une portion
de sa souveraineté, et dès-lors il
la perd toute entière. Le retour
à la liberté lui est plus difficile
qu'à tout autre; car il ne pourroit la recouvrer que par un
changement dans sa constitu-

tion, et, de toutes les constitu-
tions, celle où des pouvoirs *indépendans* se balancent, est celle
qui oppose une plus forte bar-
rière à toutes les innovations.

Ainsi, je trouve ces deux vices
dans votre systême. Le premier,
qu'il choque la raison en ce qu'il
est fondé sur des inégalités que le
bon sens réprouve ; le second,
qu'il n'est qu'une servitude dé-
guisée.

Pour fortifier ensuite votre
opinion par des considérations
politiques, vous citez une foule
d'exemples qui prouvent assez
bien que l'esprit démo ratique,

par-tout où il n'a pas été forte-
ment contenu par des pouvoirs
indépendans, a été la source de
toutes les divisions intestines qui
ont désolé les nations. J'adopte
tous vos exemples, je conviens
des faits et du principe, mais j'en
tire une conséquence directement contraire à la vôtre.

Le sentiment de l'égalité a
causé des guerres domestiques
chez tous les peuples où il a pu
éclater, donc, dites-vous, il faut
le réprimer et en empêcher l'ex-
plosion. Un despote ne raison-
neroit pas autrement, et il peut
faire son profit d'une pareille

conséquence. Moi, je conclus au contraire que pour fonder la paix intérieure et pour faire disparoître tout germe de sédition, ce qu'il faut faire, c'est de détruire les institutions *indépendantes* qui de tout tems ont irrité les peuples, en révoltant un sentiment indestructible et commun à tous, celui de l'égalité.

Il me semble voir un homme garotté dont les liens sont cependant assez relâchés pour qu'il s'agite dans tous les sens et s'épuise en efforts, dans l'espoir de rompre les derniers nœuds qui le retiennent. A ce spectacle, un

despote crieroit : resserrez bien
vîte ces liens, afin que cet homme soit tranquille. L'ami de l'humanité dira au contraire : hâtez-
vous de le délivrer pour lui donner le repos et le bonheur.

Remarquez que la complication de vos machines n'empê-
chera pas que le combat ne soit
toujours simple; vous me parlez
vainement de trois pouvoirs, je
n'en puis voir que deux; savoir :
Celui qui tend à maintenir l'i-
négalité dont il profite, et celui
qui tend à reprendre l'égalité.
Vous aurez beau faire, vous
n'aurez jamais que deux partis,

et vos deux branches supérieures
se ligueront toujours infailllible-
ment pour conserver leurs prérogatives contre la troisième qui
n'en a point.

Mais, où avez-vous donc vu
l'égalité   constitutionnellement
reconnue, pour risquer ainsi de
la calomnier ? La trouvez-vous
à Rome, à Sparte, à Athènes
même où les Eupatrides, nobles
par la constitution de Thésée ,
ne se sont jamais crus de même
nature que le reste du peuple ?
Le gouvernement le plus populaire de l'antiquité, celui qu'ins-
titua Solon, ne reconnoissoit-il

pas quatre classes de citoyens qui toutes n'étoient pas éligibles aux fonctions publiques ? Trouvez-vous l'égalité dans les républiques aristocratiques du moyen âge ? La trouvez-vous dans un seul de vos gouvernemens modernes, si vous en exceptez la République Américaine (1) ?

____

(1) La Constitution des Etats-Unis est essentiellement démocratique. La chambre des Représentans, le Sénat et le Président y exercent conjointement et suivant leurs diverses attributions respectives, la puissance suprême qui constitue tout le gouvernement; mais il n'est parmi eux aucun individu qui tienne la place qu'il occupe,

LETTRE XXIII

Vous citez l'histoire des persécutions qu'a souffertes l'égalité, pour prouver qu'elle est ennemie de la paix.

Oui, certes, c'est la haine du patriciat dans le peuple, c'est l'horreur de l'égalité dans les familles consulaires qui furent les seules sources de ces agitations

autrement que d'une nomination du Peuple, plus ou moins médiate. La majorité du Peuple y est en possession constante et non-interrompue de la souveraineté. La représentation du souverain s'y fait par *fonction* et non par *droit*, ce qui est le caractère essentiellement distinctif de la démocratie.

continuelles qui déchirèrent le
sein de la République Romaine,
et qui amenèrent successivement les Décemvirs, les Dictatu-
res, les Triumvirats et la Tyrannie, parce que l'orgueil stupide
des Patriciens aima toujours
mieux se donner un maître, que
de subir la loi de l'égalité. Mais
si ce germe de toutes les fermen-
tations populaires n'eût pas exis-
té, si cette forte passion qui entraîne tout citoyen vers *l'indépendance* politique n'eût pas été
sans cesse irritée par la présence
des institutions aristocratiques,
je vous le demande, de quel instrument

trument les hommes factieux auroient-ils pu faire usage, et à quel
foyer auroient - ils pu allumer
leurs torches ?

C'est bien prendre le change
que d'attribuer ces divisions intestines à une animosité des *pauvres* contre les *riches*. D'abord
on sait que les aristocrates des
républiques ont toujours eu soin
d'affecter les mœurs les plus fru-
gales et les plus austères, tandis
que les chefs de parti ont ébloui
et gagné le peuple par des pro-
fusions et des libéralités. Mais
d'ailleurs conçoit-on bien ce que
l'on veut dire et peut-on réelle-

ment se former l'idée de deux classes distinctes entr'elles, sous ces dénominations vagues de *pauvres* et de *riches* (1) ? Existe-

---

(1) Chez les Grecs et les Romains, les *pauvres* et les *riches* formoient réellement deux classes, parce que l'une étoit composée de créanciers, l'autre de débiteurs ; de-là une vraie *dépendance* ; de-là une source continuelle de haînes et de séditions qu'il falloit enfin calmer par une abolition des dettes ; mais la cause du mal ne pouvoit se détruire ; l'insuffisance des moyens d'industrie et de commerce ramenoit bientôt au premier état ; la législation y contribuoit encore par toutes les gênes qu'elle avoit mises à la transmission des propriétés.

t-il aucun moyen possible de fixer un seul instant une ligne de démarcation qui les sépare? La condition de *pauvre* ou de *riche* ne varie-t-elle pas pour le même individu, suivant ceux avec lesquels il se trouve en rapport? De toutes les qualités qui peuvent servir à distinguer les hommes, en est-il une plus incertaine et plus mobile? Le peuple, dans lequel on remarquera toujours la conscience la plus droite et le jugement le plus sain, toutes les fois qu'on saura, dans les observations à faire sur lui, embrasser une assez grande masse d'hommes et un assez long espace de tems, pour qu'il ait pris sa situation naturelle, le peuple qu'on retrouvera dans tous les pays et dans tous les âges plein d'une aversion insurmontable pour les classes d'inégalité, montrera par-tout aussi constamment le respect le plus religieux pour les propriétés, quelque inégalement qu'elles soient réparties. L'histoire fourmille de guerres acharnées du peuple contre les nobles; citez-en une seule ouvertement dirigée contre les riches. Des hommes pauvres peuvent être les instrumens secondaires d'une révolution ; il est impossible qu'ils en excitent, qu'ils en dirigent jamais aucune.

Un autre moyen qu'on a toujours employé pour éloigner de nous toute idée d'un gouvernement d'égalité, c'est d'exalter les vertus qu'il exige. Mais n'a-t-on pas pris ici l'effet pour la cause ? La jouissance de l'égalité doit, sans doute, réjouir les cœurs, fortifier les ames, élever les pensées, animer le courage et faire naître par-tout des mœurs pures et généreuses. L'habitude d'une situation aussi délicieuse produit bientôt cet orgueil national, cet enthousiasme toujours croissant et ce dévouement sublime des citoyens pour une patrie que tant de biens leur rendent si chère. Mais avant que l'intérêt public ait acquis une aussi vigoureuse constitution, il ne peut exister que des intérêts privés et sans liaison. On ne sentira pas l'amour de la Patrie, avant d'avoir une Patrie aimable et bienfaisante : ainsi l'égalité ne s'établira jamais, si on exige la préexistence de ce qui ne peut naître que par elle.

C'est donc dans l'intérêt privé et individuel de tous, c'est dans un mobile commun à tous, qu'il faut trouver les élémens de l'intérêt national et le lien qui doit unir ces élémens pour en former un corps politique.

Pourquoi toujours comparer nos sociétés modernes avec les Nations de l'antiquité, et prétendre juger les unes et les autres d'après les mêmes principes, lorsqu'il n'y a aucune espèce de similitude ? Il existoit chez les Peuples anciens mille sources d'inégalités que les progrès de la civilisation ont taries pour jamais. En avançant vers sa maturité, le genre humain a fait différentes acquisitions qui ont

tellement dû changer son caractère et ses habitudes, qu'il seroit
insensé de prétendre le gouverner, comme il a pu l'être autrefois.

J'appelle seulement votre attention sur quatre points de différence qu'il ne faut jamais perdre de vue :

1°. L'imprimerie, en dissémi-
nant par-tout l'instruction, a
presque entièrement effacé la
plus puissante des inégalités,
celle des lumières.

2°. Le commerce porté dans
toutes les parties du monde ; la
découverte d'un nouvel univers

et la libre communication des
peuples ont tellement multiplié
les moyens de jouissance; et les
ressources de l'industrie ont tellement accru la mobilité des richesses et accéléré les révolutions des fortunes, qu'il est devenu impossible à l'opulence,
toute seule, d'acquérir une con-
sidération durable et une influence dangereuse en politique.

3°. L'humanité s'est pour jamais affranchie de la superstition
qui étoit le ressort principal des
anciens gouvernemens; des législateurs ne peuvent plus compter au nombre de leurs ressources

l'oracle de Delphes, les Sybilles, les Augures, la race d'Hercule ou de Mars, ni toutes les fables plus récentes qui sont une répétition des premières.

4°. Enfin, nos sociétés ne sont plus avilies par l'esclavage domestique qui devoit rendre chaque citoyen ambitieux et turbulent par oisiveté, arrogant et inhumain par habitude, et qui ajoutoit autrefois à l'inégalité presque permanente des propriétés, celle de la force physique, résultante du nombre des bras qu'on avoit à sa disposition.

Ainsi, pour découvrir les vrais

principes d'un gouvernement libre, il importe fort peu de savoir comment étoient gouvernés les vingt mille hommes qui se disoient citoyens d'Athènes, où les trente mille qui composoient la prétendue République de Lacédémone, ou les trente-cinq tribus qu'on nommoit le Peuple Romain. Ce qui a été autrefois ne prouve rien pour ce qui doit être aujourd'hui: c'est la raison et non l'histoire qu'il faut consulter.

C'est dans cette idée que j'ai écrit les réflexions que je vous envoie sur *la propriété considérée dans ses rapports avec le*

droit politique, et que je publie-
rai incessamment.

Un homme de beaucoup d'esprit à qui j'ai communiqué mon
manuscrit, m'a dit que ce n'étoit
pas le moment de le faire paroître.
Je ne lui ai pas, même, deman-
dé le motif de cette opinion, tant
je suis convaincu que les vérités
sont des fruits de toute saison, et
tant je suis résolu, dès que je croi-
rai en tenir une, d'ouvrir, sur le
champ, ma main pour la répandre.

Paris, le 25 Mars 1791.

G. G***.

DE

DE LA PROPRIÉTÉ

DANS SES RAPPORTS

AVEC LE DROIT POLITIQUE.

§. PREMIER.

Des Citoyens & des non-Citoyens.

Celui qui le premier a dit qu'une *Nation* n'avoit d'autre souverain qu'elle-même, a dit une vérité si évidente, qu'elle n'exige aucune démonstration; mais cette vérité amène immédiatement après elle une question qui présente de grandes difficultés.

De qui se compose la Nation?

A

Quels sont les individus qui comptent comme membres du souverain? Quels sont les élémens qui concourent à former la volonté nationale?

L'idée de *Nation*, d'*Etat*, d'*Empire* est le résultat de deux idées et du rapport qui existe entr'elles. Un territoire circonscrit par des limites quelconques, et le Peuple qui est maître de ce territoire, indépendamment de qui que ce soit; voilà ce qui donne l'idée d'une *Nation souveraine*.

La première de ces idées est claire et précise : les bornes du territoire distinguent parfaitement une Nation d'une autre. Mais la seconde présente, au premier aspect, de la confusion et de l'incertitude.

Le *Peuple* est-il la collection de tous les individus humains qui habitent actuellement le territoire?

Cette définition ne peut convenir; car outre ceux qui, par leur âge ou leur sexe, ne doivent pas être comptés séparément du chef de la famille dont ils sont une dépendance, il en est encore un grand nombre qui, sous aucun rapport, ne peuvent être compris dans cette dénomination collective. Le degré de population auquel les progrès de la civilisation ont porté toutes les sociétés connues, la continuelle communication des nations entre elles sur leurs territoires respectifs, sont déjà des causes qui rendent indispensable le retranchement d'une grande partie de ceux qui résident actuellement sur un territoire, pour connoître ce qui compose *la Nation*, dans le sens politique attaché à ce mot.

Ainsi, dans l'état actuel des sociétés, toute nation civilisée, à quelque moment qu'on la prenne, offre toujours, sur son territoire, une distinction à faire entre les hommes qui y résident, savoir : ceux qui composent véritablement la Nation, et ceux qui n'en font pas partie, c'est-à-dire, les *citoyens* et les *non-citoyens*.

Mais, d'après quelles regles se fera cette distinction ? Qui peut avoir le droit de déterminer ces regles ? Qui sera le premier arbitre des limites qu'il faut poser ? Si la société peut accorder ou refuser la qualité de *citoyen*, comment ont été faits les premiers *citoyens*? Comment la société elle - même existe-t-elle?

Cette question, ainsi considérée sous ces différentes faces, est de toutes les questions politiques la première dans l'ordre naturel des idées, et la plus importante par toutes les conséquences dont elle est le principe.

L'auteur du *Contrat social* n'a pas cherché à la traiter. En discutant la nature et les effets de la volonté générale, il en suppose les élémens déjà connus; il a ses citoyens tout trouvés, et le prix auquel il consent à payer l'avantage de les avoir, prouve jusqu'à quel

point il a été effrayé de la diffi-
culté (1).

---

(1) « Quoi ! la liberté ne se maintient
» qu'à l'appui de la servitude ? Peut-être.
» Les deux excès se touchent. Tout ce
» qui n'*est point dans la nature* a ses
» inconvéniens, et la *société civile* plus
» que tout le reste. Il y a telles positions
» malheureuses où l'on ne peut conserver
» sa liberté qu'aux dépens de celle d'au-
» trui, et où le citoyen ne peut être
» parfaitement libre, que l'esclave ne soit
» extrêmement esclave. Telle étoit la
» position de Sparte. Pour vous, Peuples
» modernes, vous n'avez point d'esclaves ;
» mais vous l'êtes : vous payez leur liberté
» de la vôtre ». CONTRAT SOCIAL,
liv. III, chap. 15. Rousseau a cru que
l'état de société étoit contre nature, c'est
peut-être à cette seule erreur qu'il faut
rapporter toutes celles qu'on peut lui reprocher.

La déclaration des droits faite par l'Assemblée nationale de France élude tout-à-fait cette question (1) à laquelle il faut pourtant se livrer franchement et avec courage, sous peine d'abandonner toutes celles dont elle est l'unique clef.

Par l'exposé même de la question, il est évident que la distinction entre les *citoyens* et les *non-citoyens* doit exister et être connue antérieurement à toute loi, et que c'est dans la nature même des choses qu'il faut la chercher.

____

(1) Le pouvoir constituant n'appartenant qu'à la Nation, ce n'étoit pas dans la constitution, mais dans la déclaration des droits que la Nation devoit être définie.

§. II.

En quoi diffèrent les Citoyens et les non-Citoyens ?

La différence entre les *citoyens* et les *non-citoyens* qui se trouvent à-la-fois sur un même territoire, consiste uniquement en ce que les premiers ont un droit particulier qui ne leur est pas commun avec les autres.

Ce droit est celui de concourir à la formation de la loi. Quel que soit le mode dans lequel les citoyens l'exercent, soit qu'ils délibèrent eux-mêmes, soit qu'ils se donnent des représentans, le droit est au fond toujours le même, et c'est ce qu'on nomme *le droit politique.*

A tous autres égards, il ne doit exister aucune distinction entre les *citoyens* et les *non-citoyens*, et les rapports des uns et des autres avec la loi, quand elle est faite, doivent être absolument pareils. C'est ce qui résulte nécessairement de la nature même de la loi.

La volonté nationale dont la loi est l'expression, ne peut avoir qu'un seul objet, la conservation et le bien-être de la société. Toute volonté qui se propose un autre but n'est plus celle de la Nation, et ne peut être qu'une volonté particulière. Donc, à quelque titre qu'un individu existe sur le territoire, il ne peut avoir droit de mettre obstacle aux actes de la volonté nationale, sans quoi la Nation ne seroit plus souveraine. Donc, ce que la loi défend est défendu à tous, sans aucune exception.

Si la volonté nationale n'a essentiellement qu'un seul but, elle ne peut défendre que ce qu'elle juge nuisible à l'objet qu'elle se propose. Or, elle ne peut juger la même action nuisible et indifférente à-la-fois : donc ce que la loi ne défend pas est également permis à tous.

Enfin, il est des actions qui, par leur nature, sont hors du domaine de la loi, parce que l'homme les accomplit indépendamment d'autrui, et qu'elles ne touchent point à ses rapports sociaux : ces actions, par conséquent, ne pourroient être empêchées que par une violation de ses droits individuels et par une usurpation odieuse qu'aucune personne, aucune société, aucune nation ne peut se permettre sans crime.

Ainsi le droit d'*aller & venir*, celui de *manifester ses pensées*, celui de *pratiquer son culte*, sont autant de droits sacrés essentiellement indépendans de toute autre volonté que de celle de l'individu. Rien de ce qui est *homme* ne sauroit les perdre un seul instant (1).

----

(1) La déclaration des droits de l'*homme* et du *citoyen*, ne porte aucune distinction entre les droits de l'un et de l'autre, comme son titre semble le promettre.

L'art. VI confond les uns et les autres dans une même phrase : « La loi est l'ex-
» pression de la volonté générale ; tous
» les citoyens ont droit de concourir

Donc ; sous le rapport politique, on ne peut admettre qu'une seule

---

» personnellement ou par leurs repré-
» sentans à sa formation ; elle doit être
» la même pour tous, soit qu'elle pro-
» tége, soit qu'elle punisse ». Les deux premiers membres de la phrase ne peuvent s'appliquer qu'à ceux qui ont le droit po-litique ; le dernier s'applique nécessaire-ment à tous les habitans, sans distinction.

Art. VII. « Tout citoyen appelé ou
» saisi en vertu de la loi doit obéir à
» l'instant, et se rend coupable par la
» résistance ». N'y a-t-il que les citoyens qui soient tenus à cette obéissance, et n'a-t-on pas le droit de l'exiger de tous, quels qu'ils soient ?

Art. II. « La libre communication des
» pensées et des opinions est un des droits
» les plus précieux de l'*homme*, donc tout
» *citoyen* peut parler, écrire, imprimer.

distinction

distinction entre les hommes qui se trouvent sur un même territoire,

---

» librement ». N'y a-t il que les citoyens qui jouissent des droits de l'homme ? L'art. X avoit dit plus exactement en termes généraux : « Nul ne doit être in- » quiété pour ses opinions, etc. ».

On retrouve la même faute de rédaction dans l'acte constitutionnel, tit. Ier, parmi les droits naturels et civils qui doivent être garantis dans une société à tout ce qui est compris sous le nom d'*homme*; il en est certains, quoique non moins sacrés que les autres, qui sembleroient n'être garantis qu'aux citoyens. Tels sont le *droit de se réunir en assemblées paisibles*, le *droit d'élire les ministres de son culte*, etc.

On la retrouve encore dans le chapitre du *pouvoir judiciaire*, art. IV, V, IX, XVI, et dans plusieurs autres endroits.

B

celle des *citoyens* et des *non-citoyens*. Ces derniers ne diffèrent des autres qu'en un seul point, c'est qu'ils ne concourent point à la formation de la loi. Mais les effets de la loi sont les mêmes pour tous, et tous lui sont également soumis, par le fait seul qu'ils existent sur le territoire.

Toute autre distinction, toute autre différence entre les personnes seroit la source d'une législation arbitraire, et un germe tôt ou tard funeste à la liberté.

Les fonctions, quelque émi-nentes qu'elles soient, quelque soit leur objet, n'opèrent aucune différence dans les droits, car le fonctionnaire n'acquiert personnel-lement aucuns droits nouveaux; ce sont ceux d'autrui qu'il exerce par

une délégation plus ou moins étendue, plus ou moins durable.

Ainsi, le territoire d'une nation
étant une fois connu, il ne s'agit
plus que de savoir distinguer parmi
les hommes qui habitent ce territoire, ceux à qui appartient naturellement le droit politique ; et
jusqu'à ce que cette distinction soit
faite, la *souveraineté de la Nation*
n'est ni connue, ni définie.

§. III.

De l'usurpation du droit politique.

L'exercice du *droit politique* ou de la *puissance législative* (1) est la cause de presque toutes les divisions intestines qui ont désolé les Nations. Jusqu'à ce moment le hasard et la force ont seuls décidé sur ce droit. La nécessité de le circonscrire a été sentie par-tout, mais nulle part on n'a reconnu où il devoit être placé. De cette erreur

______

(1) La puissance législative est évidemment le seul pouvoir indépendant. On aura beau diviser les fonctions, il y aura toujours nécessairement subordination et dépendance entre l'agent qui exécute et la volonté qui décide.

sont sorties les institutions les plus avilissantes pour l'espèce humaine. Dans presque tous les pays, par la plus sacrilége des fictions, on l'a divisée en plusieurs *castes* dont les unes naissoient pour commander et les autres pour obéir. L'orgueil d'une part, la stupidité de l'autre ont maintenu cette monstrueuse scission du genre humain en deux espèces. Des guerriers et des prêtres se sont ligués pour épouvanter et pour aveugler les peuples ; et cette ligue, soutenue par la terreur et l'ignorance a dû produire une législation absurde et barbare où la liberté civile, les droits les plus saints de la nature étoient par-tout sacrifiés à l'ambition et à l'avidité des législateurs. En effet, comment auroient-ils pu être les organes de la volonté commune, comment auroient-ils pu prendre pour guide l'intérêt général, ces usurpateurs féroces qui avoient fait des délires de leur vanité un patrimoine particulier à leur descendance ; ces usurpateurs hypocrites qui, ne pouvant avoir ni famille ni propriétés héréditaires, ne devoient jamais voir au-delà d'eux-mêmes ni du moment présent ; et qui, à la faveur d'un avenir idéal auquel ils ne croyoient gueres, avoient divinisé leurs propres passions ? Et ce Monarque, formé et nourri de toutes ces erreurs, chef de ces sectes oppressives qu'il regardoit comme le soutien de sa puissance, et qui lui-même n'étoit autre chose que l'idole muette et impuissante d'un culte superstitieux, élevé sous le nom d'*honneur* aux prestiges les plus intolérables que l'arrogance des hommes ait jamais pu produire.

De-là, le mépris des droits primitifs de l'homme et de ceux de la propriété ; de-là, cette opposition continuelle entre la législation et les principes de la morale, entre les institutions civiles et l'ordre de la nature ; de-là cet horrible fléau de la guerre qui porte des nuées d'individus de même espèce à s'entredétruire avec un acharnement aussi aveugle que féroce.

Les mêmes circonstances avoient produit à-peu-près les mêmes effets dans toute l'Europe. Le tems et les exemples qui agissent tous deux si puissamment sur les pensées des hommes, les avoient presque accoutumés à un état directement opposé aux loix de la nature, et le poids de tant de chaînes odieuses étoit à peine senti par la multitude.

Cependant la marche grave et lente de la philosophie préparoit insensiblement le retour à l'ordre naturel. Les lumières qu'elle commençoit à répandre effaçoient peu-à-peu ces nuances factices qui bigarroient l'espèce humaine. Le commerce, aggrandi tout-à-coup par la découverte d'un passage aux Indes et par celle de l'Amérique, devint bientôt l'unique affaire des Nations, et cette révolution seconda puissamment les efforts de la philosophie. Les ennoblissemens, les alliances, les emplois rapprochèrent deux classes qui s'étoient cru de natures diverses ; les riches, par le besoin des jouissances, les pauvres, par les ressources de l'industrie, se trouvèrent unis des liens d'une utilité réciproque ; les loix barbares tombèrent en désuétude, les préjugés commencèrent à s'affoiblir, et la société fit chaque jour de nouveaux pas vers la liberté civile.

Le droit politique n'en fut que plus négligé, car l'indifférence générale pour l'exercice de ce droit augmente en raison de la population de l'Empire et de la douceur du gouvernement, et le Peuple ne pense jamais à se ressaisir de ce droit que quand il voit sa liberté personnelle ou sa propriété gravement menacées.

Cette portion de la société si disposée aux murmures et aux émeutes, pour peu qu'on touche à ses intérêts individuels, ou seulement que quelque réglement sévère ait l'apparence d'y porter atteinte, cette même portion tend encore plus qu'aucune autre à abandonner l'exercice du droit politique à quiconque veut s'en saisir.

Aussi, celles des Nations modernes que leur opulence et leur population rendirent le plus florissantes, furent celles où la liberté politique fut le plus indignement prostituée et où le droit législatif fut le plus ouvertement délaissé à un honteux trafic d'argent et d'intrigues.

En Angleterre, ce droit fut livré

à des représentans élus d'après les bases les plus bizarres, qui en achètent et en revendent l'exercice avec la plus scandaleuse notoriété, sauf la portion qu'en ont retenue les anciens usurpateurs féodaux. En France, ce droit étoit devenu l'accessoire de certaines charges de judicature, et il s'achetoit avec l'office. Dans l'un et dans l'autre pays, c'étoit le Monarque et son Conseil qui gouvernoient en réalité. La forme spécieusement populaire du Parlement d'Angleterre ne permettoit pas de l'assujettir autrement que par la corruption de la majorité de ses membres. Mais la constitution vénale des Parlemens de France avoit enhardi les Rois à les traiter en rébelles, dans le cas de résistance ;

et ces prétendus représentans de la Nation étoient souvent à-la-fois exilés par la Cour et chansonnés par le Peuple, à moins que celui-ci ne vît clairement son intérêt compromis dans ces querelles.

Quoi qu'on en puisse dire, si la Cour françoise eût été plus réservée dans sa conduite, plus modérée dans ses dissipations, si elle n'eût pas, avec une démence inconcevable, négligé toute espèce d'égards et même de ménagemens pour le Peuple, peut-être cette forme absurde et abjecte de gouvernement subsisteroit encore. Les vérités les plus hardies de la politique avoient été publiées depuis longtems, mais elles n'avoient pénétré que dans un trop petit nombre d'esprits. Les in-

térêts

térêts privés absorboient toute l'attention publique, même dans les affaires générales, et personne n'élevoit ses regards jusqu'à la liberté politique. On a vu souvent toute la France discuter avec chaleur un édit sur l'*impôt* ou sur les *grains*, sans que qui que ce soit s'avisât seulement de songer si les auteurs de la loi avoient eu le droit de la faire.

Mais si les effets d'une mauvaise constitution politique sont à-peu-près insensibles, tant que durent la prudence ou le bonheur du gouvernement, une Nation sans liberté ne peut néanmoins avoir qu'une existence précaire, et l'orage qui se balance continuellement sur elle peut fondre d'un moment à l'autre en un déluge de calamités.

C

Sans doute les usurpateurs du droit politique qui le tiennent originairement de la violence ou de la fraude peuvent s'y maintenir long-tems, à la faveur de l'extrême insouciance de la multitude; mais si les abus, dont un tel état de choses est la source si féconde, croissent au point de mettre dans un péril évident la liberté civile et les propriétés; si l'alarme universelle amène enfin une crise plus forte que les moyens de répression, alors il est difficile qu'il n'en résulte une dissolution presque complette du corps social. C'est alors qu'on examine le droit de ceux qui gouvernent, qu'on en recherche l'origine, qu'on en discute le titre; et comme on en aperçoit facilement tous les vices, comme aucun motif d'équité ne vient modérer la force, comme les gouvernants ont pour juges des hommes aigris par le sentiment de leurs souffrances, animés par la honte d'avoir été longtems asservis, exaltés par l'immense supériorité de leur nombre, tous les ressorts de la machine politique sont à-la-fois brisés avec violence, sans qu'il reste aucun débris dont on puisse faire usage.

D'autres causes ont souvent produit de longues et cruelles guerres civiles ; mais toutes les fois que le désordre n'a pas pour cause la destruction de la forme de gouvernement alors subsistante et l'embarras d'y en substituer une nouvelle, toutes les fois que le droit politique ne se trouve pas abandonné à la multitude comme un objet de pillage, il est facile d'entrevoir le terme et l'issue des troubles. Que deux factions puissantes, conduites chacune par un chef ambitieux et adroit, déchirent le sein de leur Patrie, l'objet de ces querelles est connu et déterminé. C'est un genre de puissance, c'est un grand emploi public, c'est une couronne que deux rivaux se disputent par tous les moyens de force et d'intrigue. Chacun d'eux emploie à son profit, le plus habilement qu'il peut, les passions et les erreurs de la multitude, et de-là peuvent naître une foule de maux. Mais quand le triomphe de l'un des partis est décidé, la source de ce genre de désordre est tarie, tout se retrouve à sa place, la société se meut sur ses anciens ressorts qui restent encore entiers. C'est un vaisseau dont l'équipage s'est battu pour le choix du pilote : pendant le combat, il a pu rester en butte aux orages, mais, la querelle finie, la manœuvre recommence et le bâtiment continue sa course. La France n'a jamais marché plus rapidement vers la prospérité qu'au moment même où elle a été délivrée des fureurs de la ligue.

Mais quand la guerre se déclare entre la société toute entière et ceux qui la gouvernoient, il n'y a plus de sentiment commun que l'alarme et la défiance : il n'y a ni chefs, ni conduite ; l'impétuosité générale ne fixe aucun but, ne se dirige sur aucun plan ; la multitude impatiente ne consentiroit pas à abandonner au tems cette part qu'il réclame ensuite si cruellement, quand on la lui a refusée. On veut tous les succès à la fois ; de foibles remparts tombent en ruine, on préfère de les renverser par la violence ; des liens sans consistance se dénouent d'eux-mêmes, on se hâte de les rompre, on court sur des ennemis en déroute, et les obstacles qu'il faudroit le plus dédaigner sont ceux qu'on s'obstine le plus à combattre. Les conquêtes qu'on se presse de disputer à la faulx inévitable du tems, il faut les achever par des efforts surnaturels. On croit qu'à l'aide d'une force aveugle on pourra consommer en un instant l'ouvrage que la philosophie a préparé pendant des siècles ; on ne calcule pas assez les dangers de ces terribles secours ; on ne songe pas que de semblables auxiliaires se rendent toujours maîtres du champ de bataille, qu'ils ne peuvent être soldés que par des excès, et que c'est avec de tels moyens que l'espoir de la plus glorieuse victoire peut dégénérer en un honteux pillage.

La fermentation continuelle des grandes cités y fait naître une écume dont rien ne peut arrêter le débordement à l'époque d'une révolution. C'est-là que se trouvent, en grand nombre, des hommes perdus de dettes et de mœurs, flétris par des banqueroutes ou par la réprobation de leurs familles ; qui redoutent toutes les autorités, parce qu'elles

ne peuvent être pour eux que ré-
primantes et non protectrices; qui,
couverts du mépris public, s'irritent
contre tout ce qui est considéré,
et qui, détachés de toutes parts des
liens sociaux, ne voyent dans la dé-
sorganisation générale qu'un moyen
de réduire tout le reste à l'insupportable nullité qui les accable. De
tels hommes sont nécessairement
les déclamateurs les plus outrés,
les détracteurs les plus envenimés,
les calomniateurs les plus ardens.
Sans aucun objet déterminé d'ambition, ils cherchent à entraîner
tous ceux qui, à une ame ardente,
joignent un esprit simple et crédule;
et c'est-là le caractere le plus commun parmi ceux dont l'éducation
morale a été négligée.

Rien de plus aisé que de séduire la multitude par des sophismes qui flattent et allument ses passions ; que d'aigrir cette haîne envieuse et chagrine des pauvres contre les riches ; que d'aggraver le poids de l'inégalité des fortunes, condition nécessaire, sans laquelle il n'existeroit pas de lien social ; que d'abstraire les principes de la philosophie en les isolant des rapports que l'état de société fait naître entre les hommes, et dont la cessation entraîneroit une dissolution générale. Rien de plus facile que de composer, avec toutes ces abstractions sophistiques, une doctrine enivrante, et de la propager rapidement par des prédications forcenées.

C'est avec ces moyens que les

hommes les plus audacieux et les plus habiles à l'intrigue s'emparent bientôt de toute l'influence politique. Les citoyens honnêtes que leurs habitudes paisibles et leurs affections privées éloignent du tumulte des factions, se résignent à supporter ce nouveau genre d'usurpation plus difficile à secouer que tous les autres, et ils comptent en silence sur les bienfaits du tems. Cette inertie, cette immobilité stupide de la portion la plus sage, la plus riche et la plus importante de la société, enhardit les nouveaux tyrans et les pousse à tous les excès. Ils ont à leurs ordres la multitude qui cède toujours à l'impulsion des mains qui veulent l'agiter; et tout leur art consiste à lui faire prendre pour des actes de liberté les violences qu'ils lui commandent, et à lui persuader qu'elle dispose elle-même du pouvoir, quand elle n'est que leur instrument.

Dans cet état de choses, la Nation est dans une situation totalement renversée, et ne reçoit pas un mouvement qui ne tende à sa destruction. La morale publique, principe conservateur de toutes les sociétés, se pervertit avec une rapidité prodigieuse, parce que tout se tourne en encouragemens pour le crime et en dégoûts pour la vertu. La liberté sans cesse outragée, la propriété par-tout violée amènent promptement la dépopulation, la misère et tous les genres de calamités.

Il résulte donc de ceci que toute

société dans laquelle le droit politique n'est pas circonscrit dans des
bornes légitimes qui puissent s'op-
poser à tous les genres d'usurpation,
flotte continuellement entre l'oppression et l'anarchie, et renferme
en soi des germes de destruction
plus ou moins près de se développer.

§. IV.

De la circonscription arbitraire du droit politique.

LE premier objet de toutes les recherches politiques doit être, comme on l'a vu, de connoître avec précision à quelles personnes appartient légitimement et exclusivement l'exercice de la souveraineté nationale.

Mais si, au lieu de chercher la découverte de cette importante vérité dans les principes même de l'ordre social, on tâche d'y suppléer par des réglemens arbitraires ; si on fait dépendre l'exercice du droit politique, de toute autre condition que de celles qui tiennent à l'essence des

D

sociétés, alors on ne sera point parvenu au but qu'on doit se proposer; et le droit politique, faussement circonscrit, retombera bientôt dans cet abandon qui appelle et favorise tous les genres d'usurpation.

Ainsi, par exemple, la condition de payer une contribution, d'acquitter telle ou telle portion des charges publiques étant une condition purement accidentelle à l'état social, et dont les limites sont d'ailleurs tout-à-fait arbitraires, une pareille condition ne peut servir de base à la circonscription du droit politique.

Ma parfaite soumission aux loix de mon pays, et l'obéissance dont mes actions ne s'écarteront jamais, ne m'empêchent point d'appliquer à quelques dispositions de la Constitution françoise le principe que je viens d'énoncer. Il n'est aucun objet devant lequel doive reculer la pensée d'un homme libre. *Obéis et ne raisonne pas* a toujours été la doctrine la plus funeste au genre humain.

J'ose donc dire que le réglement qui fait dépendre l'exercice du droit de citoyen de la condition du paiement d'une taxe évaluée à trois journées de travail, ne peut conduire à la liberté politique.

Ce réglement, arbitraire dans ses bases et dans son exécution, ne produit que des effets illusoires.

D'abord les contributions n'étant autre chose que le paiement des frais de protection et la compensation des services employés à l'exécution des loix, toute contribution suppose avant elle la volonté souveraine qui a dû la consentir et l'ordonner, la loi qui en établit et en règle la perception, le gouvernement chargé des services qu'il faut défrayer, et enfin un pacte social pour le maintien duquel ce gouvernement est institué. Ainsi les contributions qui n'existent que par le souverain ne peuvent servir à déterminer quels sont les membres du souverain.

D'un autre côté, les taxes même personnelles ne sont pas toujours réellement payées par la main même qui les acquitte; elles ne sont une charge qu'à l'égard de ceux pour qui elles opèrent une diminution de jouissance : or, elles ne sont un véritable retranchement sur le revenu

que pour les propriétaires fonciers,
parce qu'ils n'ont aucun moyen de
s'en dédommager, et que la valeur
des denrées qu'ils recueillent sur
leurs fonds est toujours la même,
avant comme après l'impôt. Mais,
pour ceux qui sont salariés ou qui
vivent des bénéfices de leurs capitaux, l'impôt se confondant avec
les dépenses dont ils reçoivent le
remboursement dans leurs salaires
ou dans leurs bénéfices par les mains
des consommateurs, et l'impôt ame-
nant nécessairement la hausse du
prix des uns et des autres, ce n'est
à leur égard qu'une avance, et non
une dépense effective.

D'ailleurs, un droit aussi im-
portant que le droit politique, qui
est la portion élémentaire de la sou-

veraineté et la première source de toutes les supériorités et distinctions sociales, peut-il se régler sur une mesure aussi variable que celle de la quotité des contributions? La masse des impôts devant se régler sur la somme des dépenses, les cottes individuelles varieront nécessairement avec les besoins publics: or, qu'y a-t-il de plus mobile, soit en plus, soit en moins? La paix, l'économie, les extinctions peuvent en moins d'un demi-siecle réduire de plus de deux tiers les dépenses annuelles de la France. Des circonstances contraires peuvent aussi les augmenter. La classe des membres de la souveraineté va donc en même-tems se resserrer ou s'étendre d'après une mesure aussi peu

fixe? Un citoyen actif sera-t-il dé-
pouillé du droit politique qu'il a
exercé, et cela seulement parce que
la diminution des dépenses publiques a permis de réduire ou de
supprimer sa taxe personnelle, ou
bien parce que l'on a fait choix
d'un mode d'imposition plus direct
et plus avantageux ? Dans le cas
contraire, augmentera-t-on les
membres du souverain, en raison
des besoins de l'Etat ou de la nature
de ses opérations de finance ? Et
s'il arrivoit un jour qu'au lieu de
frayer aux dépenses nationales par
des levées de contributions, on
trouvât plus convenable d'avoir des
domaines dont les revenus seroient,
comme autrefois, affectés aux services publics, où seroient alors les

citoyens actifs, et comment s'y prendre pour les reconnoître ?

Enfin, cette condition, qui a dû avoir pour objet de circonscrire, dans un moindre nombre de citoyens, l'exercice du droit politique, est purement illusoire dans ses effets, puisqu'elle peut être remplie par tous ceux qui desirent participer à l'exercice de ce droit, & qu'elle n'exclut que ceux qui veulent bien se soumettre à l'exclusion. D'après les dispositions de la loi sur la contribution mobilière (loi à laquelle la Constitution se trouve nécessairement soumise), tout journalier dont le salaire excède le taux arbitré par le Département pour la journée de travail, est assujetti à la taxe de citoyen actif. S'il existoit

un moyen quelconque de connoître
précisément le montant du salaire
gagné par chaque journalier indi-
viduellement, & que la loi fût tex-
tuellement exécutée, alors les administrateurs de département auroient le droit d'augmenter ou de
diminuer le nombre de citoyens actifs, d'après l'évaluation qu'ils ju-
geroient à propos de donner à la
journée de travail; & il seroit laissé
à leur arbitraire de rendre plus ou
moins nombreux les membres du
souverain, ce qui seroit le plus
absurde & le plus tyrannique des
pouvoirs. Mais, vu l'impossibilité
manifeste d'acquérir des détails individuels sur le salaire de chaque
journalier, les administrateurs qui
ne considèrent la loi sur la contri-

bution mobilière que sous le rapport de la finance, évaluent au plus
bas la journée commune de travail,
pour augmenter le nombre des con-
tribuables, sauf à statuer sur les
réclamations des journaliers qui,
se trouvant investis malgré eux du
titre de citoyen actif, préfèrent à
l'exercice de la souveraineté une dé-
charge annuelle d'environ 2 l. 5 f.
Dans le cas, au contraire, où
quelque pauvre journalier, non
compris au rôle, réclameroit contre
cette omission, il seroit impossible
de lui contester le droit politique,
parce qu'il n'y auroit aucun moyen
d'acquérir contre lui la preuve lé-
gale que son travail annuel ne lui
procure rien au-delà de l'évaluation
commune de la journée. Donc cette

condition s'élude à la volonté de ceux contre lesquels on a eu dessein de la faire ; donc elle est absolument nulle ; donc elle n'opère en effet aucune circonscription positive du droit politique.

Or, ne doit-on pas craindre que des élémens ainsi rassemblés au hasard, trop divers & trop multipliés pour recevoir à-la-fois une impulsion commune, ne soient livrés à toutes les agitations locales excitées par les différens intérêts particuliers ? Ne doit-on pas craindre qu'une communication aussi étendue & aussi facile du droit politique ne l'affoiblisse au point qu'il soit négligé par tous ceux qui n'en feroient pas un moyen d'intrigue ? Ne doit-on pas craindre que la portion de chacun , dans l'exercice de la souveraineté , ne soit si légère qu'elle ne puisse balancer le plus petit intérêt individuel ? Enfin, est-il possible de composer un gouvernement solide & actif, quand la matière première dont se forment tous les pouvoirs publics manque d'énergie et de consistance (1) ?

Il est à remarquer que les deux partis extrêmes de l'Assemblée cons-

---

(1) « Dans une cité bien conduite , » chacun vole aux assemblées ; sous un » mauvais gouvernement , nul n'aime à » faire un pas pour s'y rendre , parce que » nul ne prend intérêt à ce qui s'y fait ; » qu'on prévoit que la volonté générale » n'y dominera pas, et qu'enfin les soins » domestiques absorbent tout ». CON-TRAT SOCIAL, *liv. III, chap.* 15.

tituante

tituante ont également attaqué cette base fondamentale de la Constitution, & que chacun d'eux s'en est fait un argument à sa manière. Les partisans de *l'aristocratie native* n'ont fait, dans toutes leurs opinions, que développer les inconvéniens d'un système où le droit politique n'est pas circonscrit; c'est toujours sous ce rapport qu'ils ont combattu la Constitution, & il n'y a pas une seule de leurs objections qui ne dérive de ce principe. Jusques-là ils avoient raison, mais ils offroient toujours pour moyen de circonscription *l'aristocratie native*; et alors leur doctrine devenoit non-seulement fausse, mais odieuse.

Ceux qui ont donné dans une extrémité tout-à-fait opposée ont

E

aussi attaqué avec avantage la classification de citoyens faite par la Constitution. En partant des principes posés dans la Déclaration des droits, principes qu'on n'a pas osé leur contester, ils ont raisonné à cet égard d'une manière conséquente. Il étoit difficile de ne pas reconnoître que, d'après la Déclaration des droits, aucun de ceux que la Constitution comprend sous le nom de citoyens ne pouvoit être privé du droit politique. D'un autre côté, les aristocrates établissoient, par d'excellentes raisons, que, donner le droit politique à tous les habitans indistinctement, c'étoit précisément ériger l'anarchie en constitution. La Nation cependant ne vouloit ni d'aristocratie, ni d'anar-

chie; & la majorité des représentans, certaine du vœu national,
animée du seul desir d'y répondre,
a bien senti l'absolue nécessité de
circonscrire le droit politique. Mais
elle a méconnu les principes qui
devoient la guider au milieu de ces
contradictions apparentes; elle n'a
pas remonté jusques à la loi primitive de l'ordre social, loi éternelle
comme la nature, invariable comme
la raison, parce que la nature et la
raison ont, de tout tems, voulu
que l'état de société fût celui de
l'espèce humaine.

§. V.

De la liberté individuelle dans l'état social.

C'est dans les rapports naturels des hommes entr'eux qu'il faut chercher les principes de l'ordre social. Ces rapports, en se multipliant, ne peuvent changer de nature ; & quelque nombreuse que soit la société, ils restent toujours les mêmes.

Les hommes naissent libres ; c'est-à-dire, qu'ils ne dépendent immédiatement que de leur propre volonté. Cette volonté se dirige d'après leurs besoins, d'après leurs penchans, d'après la raison qui leur indique ce qu'il est utile de chercher, ce qu'il est bon de fuir ; & ce sont-là les seuls maîtres qu'ils aient reçus de la nature.

L'homme isolé, qu'on a improprement nommé l'*homme de la nature*, car la nature, au contraire, destine l'homme à vivre en société ; l'homme isolé trouve par-tout des obstacles à ce qu'il desire ; il lui faut souvent vaincre des résistances, essuyer des fatigues, courir des dangers pour obtenir ce qu'il veut. L'homme vivant avec ses semblables, trouve aussi dans la volonté d'autrui un empêchement qu'il faut lever pour arriver à ce qu'il se propose. Si le moyen le plus facile pour faire cesser cet obstacle est de composer avec cette volonté étrangère, & d'y conformer quelques-unes de ses actions, il y consentira avec plaisir, pour acquérir l'objet que lui demandent ses besoins, ou qui flatte quelqu'un de ses goûts. Il n'y a là ni contrainte ni dépendance d'autrui; il ne perd rien de sa liberté, il en use; il fait volontairement ce qu'il fait, puisqu'il le fait comme un moyen d'être mieux. Toutes les fois que c'est le desir d'améliorer sa condition, l'espoir d'avoir quelque chose qu'il n'avoit pas, qui décide l'homme à se conformer à une volonté étrangère, il est évident qu'il est parfaitement libre. N'a-t-il pas toujours l'alternative de rester comme il étoit, d'abandonner l'objet qu'il poursuit ou de tenter d'autres moyens pour atteindre au même but? Mais, si c'étoit pour conserver sa vie ou pour recouvrer la liberté de sa personne qu'il fût obligé de se soumettre à la volonté d'autrui, ce seroit alors qu'il feroit un acte de servitude. Sa vie, ses forces, son adresse, il a reçu ces biens de la nature ; & puisqu'il ne les tient de personne, il peut en user sans que qui que ce soit au monde ait le droit de lui prescrire des conditions. Dire qu'en usant de ces biens naturels, il doit respecter dans autrui le même droit, ce ne seroit qu'une pure répétition ; car cet *autrui*, c'est aussi l'homme dont il est question, quand nous parlons de l'*homme* en général.

Supposons donc que, dans un pays inculte, un homme dépourvu d'asyle et de subsistances, ne possédant que les biens de la nature; arrive à la porte d'une cabane construite et approvisionnée par le travail d'autrui. Il aura sur-le-champ le desir de partager l'abri et les commodités que lui offre cette retraite; pour obtenir ce partage, il consentira avec joie à se soumettre aux conditions que lui prescrira le maître de la cabane, et il conformera volontiers sa conduite aux règles que celui-ci aura jugé à propos d'établir chez lui. Cette soumission de l'homme sans domicile envers celui qui en posséde un, n'est de la part du premier qu'un acte de liberté, puisqu'il adopte ce parti comme un moyen d'améliorer son sort; puisqu'au moment où ce nouveau genre de vie pourra lui déplaire, il est libre de le quitter & de redevenir ce qu'il étoit, avant d'avoir fait cette rencontre.

Ainsi le fait seul de la résidence volontaire sur un territoire quelconque, entraîne l'obéissance aux loix qui gouvernent ce territoire ; et cette obéissance est alors elle-même un acte de liberté, quand même celui qui obéit n'auroit concouru ni par lui ni par ses représentans à la formation de ces loix (1).

Il seroit aisé de prouver que les loix en elles-mêmes ne doivent ja-

─────────────────────────────

(1) « Quand l'Etat est institué, le » consentement est la résidence ; habiter » le territoire, c'est se soumettre à la » souveraineté ». CONTRAT SOCIAL, *liv. IV, chap.* 2.

mais être autre chose que les conditions indispensables au bien-être de la société ; que les barrières morales posées par la justice naturelle autour de chaque propriété, de chaque liberté privée ; que la déclaration de ce qui est raisonnable faite à ceux que leurs erreurs peuvent égarer ; qu'un moyen enfin d'amener chacun aux actes qu'il voudroit faire, si sa raison étoit toujours droite et éclairée ; il seroit aisé de faire voir par conséquent, qu'obéir à de telles loix, c'est profiter des lumières qui nous manquoient, c'est gagner plutôt que sacrifier : enfin on prouveroit aisément que toute loi qui n'a pas ce caractère manque son véritable objet ; mais ce n'est pas cela qu'il s'agit de démontrer ici. La loi, même défectueuse, oblige ceux qui habitent le territoire qui lui est soumis.

§. VI.

De l'égalité sociale.

S'il n'y a rien dans les principes de la liberté qui s'oppose à ce que des hommes fassent la loi sur un territoire, tandis que d'autres la reçoivent, il n'y a non plus, dans cette position, rien de contraire à l'*égalité des droits.*

Ce ne sont pas les droits qui sont inégaux, se sont les conditions seulement qui sont inégales entre les hommes en société, c'est-à-dire, que dans leurs situations respectives, les uns se trouvent toujours placés, pour le moment, plus avantageusement que les autres.

Cette différence provient d'une manière plus ou moins directe, de l'inégalité l'inégalité des moyens, la seule que la nature ait établie entre des individus de même espèce.

Des droits égaux exercés avec des moyens inégaux donnent nécessairement de l'inégalité dans les résultats, comme des quantités égales multipliées par des quantités inégales donnent des produits inégaux. Ainsi l'inégalité actuelle des conditions ne prouve rien contre l'égalité des droits.

Dans l'état le plus agreste de la nature, supposez deux hommes parfaitement indépendans, dont l'un est né leste & vigoureux, & l'autre foible & mal-adroit. Ils ont un droit égal au gibier qu'ils chassent, mais ils ont des moyens inégaux pour l'atteindre. Au bout de la journée, l'un sera chargé de plus de provisions qu'il ne pourroit en consommer dans une semaine, tandis que l'autre, épuisé de fatigue, et mourant de faim, n'aura pas de quoi souper. Voilà déjà un riche et un pauvre. Ce dernier offre ses services, il coupe le bois, allume le feu, prépare les alimens, tandis que l'autre se livre aux douceurs du repos, et, au moyen de la subsistance qu'il fournit, se trouve pendant plusieurs jours délivré de toute espèce de travail.

Telle est l'image que la société présente sous mille formes et avec mille combinaisons diverses. C'est un immense jeu, toujours en action, et ouvert à tout le monde ; les richesses de tout genre, voilà les je-

tous que chacun reçoit et donne
sans discontinuation, que chacun
se dispute avec plus ou moins d'a-
dresse. Les règles sont les mêmes
pour tous ; les joueurs ont des droits
égaux, mais il y a une inégalité
prodigieuse dans leurs enjeux respectifs. Cette différence a dû s'établir entre les premiers joueurs, à
l'époque même où a commencé la
partie, & cette époque est le seul
instant où l'on puisse raisonnablement supposer toutes les mises également partagées.

Les mutations fréquentes d'individus n'apportent aucune interruption dans le jeu ; et celui qui suc-
cède continue sur l'enjeu que lui
ont transmis ceux dont il hérite,
sans quoi le désordre et la confusion

améneroient la fin de la partie ; c'est-à-dire, la dissolution de la société. Voilà pourquoi, après quelques générations, il se trouve si peu de rapports entre les conditions des individus et leurs moyens personnels.

§. VII.

De la liberté politique.

DE la réunion des hommes en société sur un territoire, est né l'intérêt commun ou l'intérêt national.

L'être collectif qu'on appelle *Nation*, considéré fictivement comme un individu, est susceptible de ne se mouvoir que d'après sa volonté propre. Cet état, auquel doivent aspirer tous ceux qui prennent intérêt à sa conservation, se nomme *liberté politique*.

Tout individu laissé à sa liberté tend sans cesse à améliorer sa condition ; à l'aide du tems et de l'expérience, il parvient, après plusieurs essais, à se donner l'existence la plus heureuse possible, relativement à sa force & à ses moyens. Ainsi l'a voulu la nature.

Il en est de même des nations; qu'elles soient libres, & elles trouveront infailliblement, après quelques tentatives, la constitution qui leur est le plus convenable, c'est-à-dire, celle qui donne à chacun des individus plus de chances de bonheur, et à la société entière plus de moyens de prospérité.

Mais la première des conditions pour arriver à cet état, c'est qu'une nation existe librement. Sans cette condition, elle ne se meut plus dans le sens qui tend à son bonheur, et elle obéit à l'impulsion étrangère de ceux qui la tiennent assujettie.

Pour exister librement, il faut : 1°. vouloir; 2°. agir conformément à sa volonté.

Un individu n'a pas besoin de chercher quelle est en lui la partie qui *veut*; la nature lui a épargné cet embarras. Mais pour qu'une nation puisse avoir une volonté, il faut que les membres naturels du souverain soient connus et déterminés; il faut que le corps politique soit formé de tous les élémens qui doivent entrer dans sa composition, et sans mélange d'aucun autre élément hétérogène (1). Ce n'est

______

(1) A Athènes, un étranger qui se mêloit dans l'assemblée du Peuple, étoit puni de mort. « C'est, dit Montesquieu, » qu'un tel homme usurpoit le droit de sou- » veraineté ». ESP. DES LOIX, *l, II, ch. 2.*

que de ce moment qu'une nation peut commencer à vouloir ; ce n'est que de ce moment que peut dater son existence.

Quand la nation peut avoir une volonté, quand le véritable souverain est reconnu et est en possession de son droit, alors il travaille à déterminer la forme dans laquelle il exprimera à l'avenir cette volonté et la forme dans laquelle il la fera exécuter, c'est-à-dire, qu'il se fait une *constitution*, comme un individu se prescrit à soi-même des règles de conduite.

Ces règles ne peuvent jamais être que *provisoires*, comme sont tous les actes de volonté humaine : aussitôt que la raison indique de les changer, rien ne peut empêcher de le faire. La raison et l'éternelle justice sont l'unique souverain du monde; & tous les souverains particuliers, les corps politiques et individus libres relèvent en tout tems de cette puissance.

Il résulte toujours de ceci que la question de savoir quels sont les membres naturels du souverain dans une société quelconque ne peut être l'objet d'une loi, et doit être décidée, antérieurement à toute constitution, comme on l'a déjà observé. La loi qui est un acte du souverain, ne peut créer le souverain : donc la circonscription du droit politique ne peut être l'ouvrage du législateur; donc ce ne peut être que l'ouvrage de la raison et de la justice préexistantes à toute législation.

§. VIII.

Du véritable état de la question.

En se rappelant ce qui a été dit plus haut sur la liberté et l'égalité des individus dans l'état social, on ne se méprendra point sur l'état de la question.

Il est vrai de dire que tout homme libre n'est tenu d'obéir qu'aux loix auxquelles il s'est volontairement soumis, et que ce droit de ne pouvoir être obligé que par un consentement au moins présumé, est un de ces droits naturels qui ne comportent aucune exception.

Ce principe est incontestable ; mais la question qu'il s'agit ici d'examiner, ne touche nullement à ce principe.

Il s'agit seulement de savoir quels sont les hommes qui, sur telle étendue donnée de territoire, sur la France, par exemple, ont exclusivement à tous autres le droit d'établir les loix auxquelles cette portion de terre sera soumise.

La question ainsi posée, on voit bien que le droit politique suppose quelque chose au-delà des droits primitifs que l'homme reçoit immédiatement de la nature. Le territoire étant un des élémens nécessaires du problème qu'il faut résoudre, on voit bien qu'il y a ici un droit acquis, un droit de premier occupant, un fait qu'il faut admettre, en outre des droits originaires, quoiqu'il en soit le produit naturel. De ce fait résulte, en faveur de quelques-uns, un avantage qui ne porte aucune atteinte aux droits primitifs et naturels des autres. Quiconque n'a pas concouru d'une manière positive à l'établissement des loix qui gouvernent un territoire, n'en souffre aucune sorte de dommage dans sa liberté. Si ces loix lui semblent bonnes, il peut, de tous les coins du monde, venir les adopter librement, en choisissant pour habitation la terre soumise à leur empire. Dans le cas contraire, il s'en affranchit, en quittant le territoire.

La nature a donné à l'homme les moyens de changer de climat, et d'aller chercher pour sa résidence les lieux qui lui conviennent davantage. Le

Le hasard de la naissance a pu le jeter sur tel ou tel point du globe, sa volonté a pu le conduire sur tel ou tel autre point : dans l'un comme dans l'autre cas, la nature ne lui a pas donné plus de droit à la terre qu'il foule en marchant ou sur laquelle il se repose. Il n'a de droit qu'à ce qu'il peut acquérir, et l'être le plus libre ne doit rien prétendre à ce qui est au-delà de ses moyens et de ses forces. La terre qui est occupée par d'autres hommes qui le repoussent ou qui ne l'admettent que sous telles ou telles conditions, la terre qui est habitée par des bêtes féroces, celle qui est défendue par des précipices ou des torrens inaccessibles, lui sont également interdites, sans qu'il puisse regarder aucun de ces différens obstacles , comme une chaîne à sa liberté. Être libre n'est pas la même chose que d'être tout-puissant. Le sort de l'homme est d'être foible; parmi les motifs qui influent sur sa libre détermination, il faut qu'il compte aussi sa foiblesse, ses besoins, ses craintes et tout ce qu'il tient de la nature.

Ceux qui prétendroient que l'homme a reçu de la nature le droit de concourir aux loix du pays où il est né, quoiqu'il n'y possède aucune des parties du territoire, pourroient également prétendre qu'il porte ce droit avec soi, comme tous ses autres droits naturels, dans tous les pays où il lui plaît de se transporter. Si l'on admettoit le principe, il y auroit parité de conséquence. Alors ce seroit mettre en question s'il peut exister des nations indépendantes les unes des autres, s'il peut y avoir des propriétés distinctes; ce seroit mettre en question si les hommes doivent rester en société ou se disperser indifféremment comme les animaux sauvages.

Sur un territoire divisé en propriétés, quels sont ceux qui composent le souverain? quels sont ceux dont la volonté commune doit régler les conditions sous lesquelles on habitera? Telle est la question.

§. IX.

Des deux classes distinctes qu'offre toute société civilisée.

Les rapports indispensables que l'état de société fait naître entre les hommes, sont les seuls qui puissent conduire à la solution du problème qu'il s'agit de résoudre.

Nous avons vu qu'il n'existe entre les individus qu'une seule inégalité, celle des facultés physiques et morales. C'est donc cette inégalité qui doit être la source unique de toutes les différences que peut établir l'état social. Toute autre source seroit illégitime.

Nous avons vu encore que l'inégalité des moyens produit nécessairement entre les hommes deux conditions bien distinctes ; celle de l'homme qui possède et qui paye les services qu'il reçoit, et celle de l'homme qui rend des services pour en être payé.

Cette dépendance est la seule légitime entre des êtres naturellement indépendans, parce qu'elle vient de l'utilité réciproque et de l'accord de deux volontés libres ; elle est naturelle, puisque la rencontre de deux hommes suffit pour la produire ; elle est indispensable, puisqu'elle est le lien du pacte social.

Cette différence de conditions est la seule qui soit de l'essence des sociétés civilisées. Toute distinction sociale doit dériver originairement de cette différence.

G iij

Ainsi, en écartant toutes ces distinctions chimériques qui n'ont d'autre source que la lutte de l'orgueil contre la foiblesse et du mensonge contre l'ignorance, tout territoire cultivé offrira toujours deux classes d'hommes bien distinctes; les propriétaires du sol qui salarient, et les hommes de travail et d'industrie qui sont salariés. Les possesseurs de richesses mobilières qui les louent moyennant un bénéfice, tiennent à la seconde classe.

§. X.

Des propriétaires.

DE tous les agens qui existent dans la nature, et qui changent continuellement ses formes, le plus actif et le plus merveilleux, sans doute, est l'industrie humaine. Le mobile qui la met en action, c'est l'espoir qu'une jouissance quelconque sera le fruit de son travail. Otez ce mobile, l'agent reste inactif.

L'association de plusieurs hommes qui mettent en commun leur industrie, multiplie leurs moyens dans une telle progression, que le dividende de chacun d'eux dans le produit s'en accroît d'une manière prodigieuse. La diversité des talens, la division du travail, l'addition des forces, le concours des inventions, les échanges forment des combinaisons incalculables dont chacune est un nouveau moyen de faire.

Mais, dans une machine ainsi composée, à quelque degré que s'augmente la complication, chaque élément doit avoir son ressort particulier, sans lequel il seroit nul. La jouissance personnelle est toujours l'unique but que chaque individu se propose ; à peine même s'aperçoit-il qu'il travaille en commun. Celui qui cultive le chanvre à Riga ne songe pas qu'il est de moitié dans un même ouvrage avec le fabricant de Hollande, et qu'ils concourent l'un et l'autre à faire valoir réciproquement leur industrie,

Chacun d'eux ne voit que son propre gain ; il ne cède qu'au desir de grossir sa fortune privée.

Ainsi va, sans aucune interruption, cette immense mécanique, dont les ressorts infinis s'engrainent et se correspondent tous, et à laquelle le commerce a lié toutes les nations ensemble. Le mobile commun à tous les élémens qui la composent, c'est l'amour de la propriété, le besoin de s'assurer une jouissance exclusive. Ainsi la terre, source unique et intarissable de toutes les productions qui se consomment, de tout ce qui alimente l'industrie et le commerce, se divise en propriétés particulières, partout où la réunion des hommes tend à développer leurs facultés.

Les premiers essais de l'homme se sont portés sur la terre, et le desir de cultiver le sol a fait sentir aussitôt à chacun le bésoin de le partager pour s'approprier exclusivement les fruits de son travail.

Cette division des propriétés est la condition essentielle de l'état social ; c'est le principe de vie des nations : elle est le secret de ce pouvoir magique avec lequel l'esprit humain a changé la superficie entière du globe. Anéantissez la propriété, et toutes les merveilles dont la terre est couverte disparoîtront comme un enchantement : le mobile universel étant nul, vous ne verrez par-tout que l'inertie et la mort. Bientôt la population réduite à ce que peuvent nourrir les productions spontanées de la terre et les hasards de la chasse, les quatre-vingt-dix-neuf centièmes de l'espèce humaine seront effacés pour ne plus se reproduire; et cet être privilégié, déchu du trône du monde qu'il ne peut conserver que par les ressources combinées de son intelligence, sera peut-être totalement détruit par les espèces qui lui sont si supérieures en forces. Mais heureusement une telle supposition est de toutes les chimères celle qui s'éloigne le plus de la possibilité. Un instinct invincible enchaîne par-tout l'homme à la loi de la propriété, parce que cet instinct le porte à vivre en société et à diviser le sol qu'il habite. C'est l'effet inévitable du développement successif de ses facultés vers lequel il tend sans cesse. Le respect des propriétés ne sera méconnu par tout le genre humain que lorsque ses penchans seront entièrement dénaturés, lorsque les éternelles loix qui régissent tous les êtres animés auront été renversées ; que les abeilles cesseront de se réunir en ruches, et les castors de se construire des cabanes.

Plus la terre se couvre de sociétés de propriétaires, plus les chances de bonheur augmentent pour l'espèce toute entière. Un nouveau peuple policé fournit de nouveaux moyens de jouissance à tous les autres ; c'est un nouvel anneau à cette chaîne immense à laquelle l'industrie a attaché tous les peuples. De même la violation des propriétés dans

dans un lieu, produit une commotion générale dont tous les pays commerçans ressentent plus ou moins les effets. Les productions anéanties par les derniers désastres de S. Domingue, ont formé, dans la masse totale des valeurs qui s'échangent annuellement dans le monde, un vide où se perdent même des moyens de subsistance pour des indigens placés à plus de deux mille lieues de cette colonie.

L'homme obéit d'abord, sans réflexion, à l'instinct qu'il a reçu de la nature; mais, bientôt après, la méditation le conduit à découvrir la liaison qui existe entre ses penchans et le bonheur auquel il doit aspirer. Ce n'est que long-tems après la formation des sociétés qu'elles ont pu être assez éclairées pour reconnoître dans la propriété la première base de l'organisation sociale. La violence ou le hasard ont seuls présidé à la composition des corps politiques ; mais quelque vicieuse que fût cette composition, quelque perverse que fût la direction d'une autorité dont le titre étoit illégitime, les différens usurpateurs de la souveraineté ont tous cependant bien senti que le maintien des propriétés particulières leur étoit commandé par leur propre intérêt, et qu'aucune sorte de puissance publique ne pouvoit subsister sans cette condition.

De séditieux tribuns ont quelquefois abusé de la fougue de la multitude, jusques au point d'exciter à

la violation des propriétés. Le sophisme qu'ils employoient étoit celui-ci : « La nature a fait les hommes

» égaux ; elle leur a donné les mêmes

» appétits, et conséquemment le

» même droit à tout ce que produit

» la terre : le partage des propriétés

» est une convention faite par des

» générations passées, qui n'ont pas

» en le droit d'assujettir la géné-

» ration présente, ni d'imposer au

» grand nombre la dure condition

» de travailler pour vivre, tandis

» qu'un petit nombre profite dans

» l'oisiveté, des services de ses sem-

» blables » :

Cette argumentation spécieuse,
jetée au milieu d'une foule igno-
rante et passionnée, avec tous les
mouvemens d'une déclamation im-

pétueuse, peut sans doute produire de l'égarement et dès excès. Mais il suffit d'examiner de sang-froid un semblable raisonnement, pour en apercevoir tous les vices. L'erreur consiste ici à supposer à-la-fois deux hypothèses absolument contradictoires ; à supprimer la cause en admettant en même-tems l'existence des effets ; à se placer au milieu des richesses produites par la société ; et à rejeter ce qui la conserve. Vous proposez de renverser la propriété pour jouir des bienfaits qui périront avec elle ; vous argumentez d'une abondance de population qui n'existeroit pas, sans la propriété. Votre démence est la même que celle d'un homme qui, pour distribuer avec plus de commodité les eaux qui arrosent une prairie, proposeroit de tarir leur source. Quiconque parle de ces prétendues loix agraires, dans une société où chaque propriété a son possesseur, énonce le vœu le plus destructeur et le plus meurtrier qu'on puisse former; et c'est prêcher l'homicide du genre humain tout entier, que d'exciter à la violation du droit sacré de ceux qui possèdent.

§. XI.

Des non-propriétaires.

La division des propriétés étant une des clauses originaires du pacte social, elle a dû subsister long-tems avant l'époque où les hommes ont été assez civilisés pour s'occuper de transmettre à la postérité des témoignages sensibles du présent: Aucune société ne sait en quel tems ni de quelle manière le territoire qu'elle habite a commencé à être partagé entre des possesseurs exclusifs; mais dans une ignorance complette de ce qui s'est passé, il est convenable de supposer qu'on a fait ce qu'il y avoit de plus juste à faire. Ce qui seroit très-fabuleux comme histoire, est néanmoins l'hypothèse où la raison exige que l'on se place. Supposons donc que plusieurs hommes, las de leur régime individuel et de leur vie errante et isolée, se sont réunis un jour pour mettre en commun leur force et leur intelligence. Tous libres et égaux en droits, ils ont dû convenir qu'il seroit attribué à chaque chef de famille une portion égale du territoire. Ils ont dû convenir aussi que la force commune garantiroit à chacun la libre disposition de la portion qui lui étoit échue contre les entreprises des passions individuelles, et que la même garantie s'étendroit sur tout ce que l'industrie et les moyens légitimes pourroient faire accroître par la suite à la portion originaire. Cette convention de sa nature eût été impraticable. Les nouveaux venus ont dû offrir leurs secours et l'aide de leurs forces en échange des productions. On leur a fait connoître les règles d'après lesquelles le territoire étoit gouverné ; ils ont dû s'y soumettre, mais sans prétendre au droit d'y rien changer. Ce traité ne touche point à la liberté de leurs personnes ; la vie errante qu'ils ont quittée, ils sont en tout tems maîtres de la reprendre ; ils ne sont pas dans les liens de la servitude, et dès qu'ils disent : *Je veux quitter cette terre*, aucune force n'a le droit de les y retenir.

Cette condition est celle de tous les hommes nés sans propriété, soit que le hasard de la naissance les ait jetés au milieu des deserts, soit qu'il les ait placés sur un territoire déjà partagé. Les ressources de leurs bras et de leur intelligence, voilà le patrimoine qu'ils ont reçu de la nature ; c'est tout ce qu'elle donne à ses enfans : le reste est l'ouvrage des générations précédentes. L'homme que le sort a fait naître sans biens au milieu d'une nation opulente, gémit sur son infortune, quand il compare sa condition à celle de tous ceux qui l'environnent. Mais qu'il se calme et qu'il analyse ce sentiment, la méditation lui fera connoître l'injustice de ses plaintes. D'autres ont davantage, sans doute, mais on ne lui a rien ôté ; c'est moins ce qu'il n'a pas que ce que possèdent les autres qui est le sujet de son chagrin ; le sentiment qui le tourmente

est de l'envie et non du regret. On peut lui répondre : Toutes ces richesses n'existent que parce que la société en a protégé la conservation et l'accumulation dans les mains de ceux qui les ont acquises ; mais la nature ne vous y a donné aucun droit ; sans l'état social, elles ne seroient pas. Ce n'est pas aux dépens de vos droits naturels qu'elles ont été produites et conservées ; elles sont le fruit d'une association de forces et d'industrie formée long-tems avant vous, et dont les produits ne vous appartiennent pas. Si cette association n'eût point eu lieu, ces hommes, dont les riches possessions excitent votre envie, seroient probablement pauvres et dénués ; mais vous ne le seriez pas moins

moins qu'eux, et tous ensemble vous seriez privés des avantages qu'offre la vie sociale. Ne participez-vous pas à ces avantages, sans avoir fait aucune mise? Hors de la société, trouveriez-vous autant d'occasions de travail, autant d'emplois à votre industrie, autant de chances de bonheur, autant de ressources pour votre vieillesse, autant de secours dans vos infirmités? Ces grands biens entassés dans la main des riches, ne voyez-vous pas qu'ils ne sont autre chose qu'un dépôt réservé à l'homme industrieux qui desire y prendre part? Ne voyez-vous pas que c'est un patrimoine créé d'avance pour celui qui ne naîtra qu'avec ses forces et ses moyens naturels? Ne voyez-vous pas que le besoin de dépenser s'attache au riche possesseur, comme le desir d'acquérir s'attache à celui qui n'a rien, et que de cette combinaison de penchans réciproques et correspondans, il résulte nécessairement qu'en général, tout riche doit tendre à s'appauvrir, comme tout pauvre doit tendre à s'enrichir? Que dans la succession des générations, chacune des différentes familles qui composent la société marche alternativement de l'état de richesse à celui de pauvreté par des pentes plus ou moins rapides, et que ce mouvement perpétuel d'action et de réaction est indispensable à la vie sociale, comme les battemens de l'artère sont nécessaires à la conservation de votre vie individuelle? Ainsi, à quoi se réduisent

donc vos plaintes ? Vous plaignez-
vous de ce qu'il existe dans la société des inégalités de richesses ?
Alors votre plainte est celle d'un
insensé, puisque la société ne peut
exister autrement. Vous plaignez-
vous de ce que le hasard vous a
placé dans la classe moins bien
traitée ? Votre plainte n'est pas plus
raisonnable, car il faut bien que
quelqu'un y soit placé ; et quels que
soient les individus que le sort fera
naître pauvres, il n'y en aura pas
un qui n'ait le droit d'en dire autant
que vous. Enfin, vous plaignez-vous
de l'existence des sociétés ? Alors,
il vous est libre de fuir dans des
forêts inhabitées, et d'adopter une
vie isolée et vagabonde. Rien au
monde ne peut vous empêcher de

disposer de vous - mêmes ; et si quelqu'un prétend avoir des droits sur votre personne, si quelqu'un tente de vous retenir par violence sur une terre où vous ne voulez pas rester, usez de toutes vos forces et de toute votre adresse pour lui échapper ; employez hardiment tous les moyens qui s'offriront à vous. Quand il s'agit de reprendre sa liberté individuelle, il n'est pas de voie qui ne soit légitime.

Ainsi la réflexion fera connoître aux non - propriétaires que, dans cette magnifique lotterie dont la masse est sans cesse augmentée par les efforts successifs de l'industrie des hommes, quelque inégales que soient les chances, chacun a néanmoins son lot à recevoir ; et que l'individu le moins bien traité par le sort seroit encore infiniment appauvri, s'il se trouvoit réduit à ses moyens individuels, et seulement environné des ressources que lui offre la nature telle qu'elle est quand elle n'a pas subi l'action des sociétés humaines ; que, par conséquent, les plus pauvres ont un intérêt commun avec les plus riches, c'est celui de maintenir l'état social et de respecter religieusement la loi de la propriété qui en est la base fondamentale.

L'espèce humaine, comme toutes les espèces animales, se multiplie en proportion des moyens de subsistance ; ainsi le nombre des propriétaires se trouvant par-tout extrêmement inférieur à ce que le sol peut nourrir, la majeure partie des habitans doit être composée de non-propriétaires et d'hommes qui n'apportent en naissant que des moyens de travail. S'il étoit possible de séparer en deux portions totalement distinctes les propriétaires et les salariés, si la plus grande partie des propriétaires n'étoient pas en outre salariés pour les professions qu'ils exercent, et si toutes les complications de mouvement de la machine sociale ne nous voiloient pas son principal ressort, nous verrions la société composée de deux classes absolument opposées dans leur condition, l'une à l'égard de l'autre. La première, très-peu nombreuse, uniquement occupée de ses jouissances, et disposant en souveraine des re-

venus que la terre lui donne gratuitement chaque année. La seconde, infiniment plus considérable
en nombre, sans cesse en activité,
soit pour cultiver le champ d'autrui,
en recueillir et en conserver les productions, soit pour rendre ces productions propres à la consommation
par les différentes préparations de
l'art, soit enfin pour les transporter
d'un lieu dans un autre, les échanger et offrir en assortiment aux consommateurs tout ce qui peut flatter
la diversité de leurs goûts, le tout
dans la vue d'obtenir des moyens
plus ou moins abondans de subsistance. La première classe est servie,
car elle jouit sans avoir rien à faire;
la seconde sert, car elle ne subsiste
qu'en aidant les autres de ses forces

et de son industrie. Travailler pour autrui est le véritable caractère de la dépendance.

On a dit souvent que la dépendance étoit réciproque, et que les propriétaires avoient besoin des hommes industrieux, comme ceux-ci avoient besoin des premiers. Cette assertion, prise dans son sens rigoureux, n'est plus vraie ; car les uns sont liés par la nécessité, tandis que les autres ne le sont que par leurs goûts. On pourroit dire avec autant de vérité, qu'un homme opulent dépend de tous les gens qui composent sa suite. Oui, certainement, s'il veut conserver le même train, vivre avec autant de faste, puisque sans eux il ne pourroit pas contenter cette fantaisie ;

mais s'il consent à se servir lui-
même, il n'aura plus besoin d'eux :
or, les propriétaires ont aussi personnellement leurs forces et leur industrie, comme les autres individus ;
et s'ils restent dans l'oisiveté, c'est
qu'ils trouvent ce genre de vie plus
commode. Mais il est possible d'i-
maginer une société uniquement
composée de propriétaires, dans
laquelle chaque famille, comme au
premier âge, cultive son champ,
prépare ses alimens, fasse ses vê-
temens et construise sa cabane : au
lieu que vous ne pouvez pas con-
cevoir une classe de salariés, sans
admettre une autre classe qui reçoit
gratuitement les productions de la
terre pour les distribuer en salaires,
par échange des services qu'elle se
fait rendre.

Les propriétaires forment, dans les sociétés civilisées, une classe d'êtres privilégiés et indépendans, inconnue dans l'état de simple nature, puisque, dans cet état, un individu ne peut rien obtenir qu'avec de la peine, et que toute son indépendance consiste à ce que son travail s'applique immédiatement à lui. Mais quelle que soit l'aversion naturelle que portent les hommes à tout ce qui attribue à quelques-uns de leurs semblables des distinctions et des privilèges, malheur à l'insensé dont l'orgueil s'affligeroit des prérogatives attachées à la propriété, parce qu'elles sont l'effet inévitable de toute organisation sociale, et la cause conservatrice de l'existence des peuples. Il seroit bien moins déraisonnable de reprocher à la nature son injustice, lorsque, par la privation des sens les plus nécessaires, elle s'avise de déshériter quelques-uns de ses enfans ; mais la société toute bienfaisante, jusques dans l'inégale répartition de ses biens, n'a déshérité personne, et elle a créé des ressources même pour la créature la plus infortunée.

Si ces vérités ne sont pas démontrées pour tous les hommes, au moins elles servent de guide à tous les peuples. Par-tout la propriété est sacrée ; et ce respect constant et universel, qui enchaîne une immense majorité aux prérogatives d'un petit nombre, est un de ces sentimens qu'on a désignés par le nom d'*instinct*, de ces sentimens plus rapides que la pensée, auxquels on obéit sans qu'on s'aperçoive que la volonté y participe, et qui sont le plus précieux des présens qu'ait fait la nature aux êtres sensibles pour les avertir de tout ce qu'exige leur propre conservation. C'est ce même sentiment irréfléchi qui, appliqué à l'intérêt d'autrui, nous pousse vers tout ce qui est juste, et nous repousse de tout ce qui est contraire à la justice. C'est-là cette conscience qui précède toutes nos pensées, et à laquelle on ne désobéit point sans éprouver un déchirement qui s'appelle *remords*. C'est-là que la nature a placé, auprès de chaque individu, une sentinelle vigilante qui l'avertit à toute heure du respect qu'on doit au droit de celui qui possède

possède. Voilà le principe conservateur des sociétés ; il ne périra
qu'avec l'espèce elle-même.

Quelques écrivains ont osé soutenir qu'il n'existoit d'autre fon-
dement aux sociétés que le droit du
plus fort ; si cela étoit, rien ne seroit plus précaire que l'état social,
car à l'instant où le plus grand
nombre auroit reconnu son droit,
la société seroit bouleversée jusqu'à
l'époque d'une convulsion nouvelle
produite par la même cause. Mais
il est absurde de compter la force
pour un droit : elle n'est qu'un moyen
pour obtenir ce à quoi l'on a droit,
un moyen secondaire qui obéit à la
volonté, et la volonté elle-même
n'est qu'un résultat. L'éternelle raison, l'éternelle justice dirigent mal-

K

gré nous - mêmes notre volonté; elles sont les arbitres suprêmes du sort de l'espèce humaine, et en dépit de toutes les erreurs, de toutes les illusions dont l'ignorance et les passions environnent les individus, ces souveraines de l'homme entraînent la masse entière, un peu plus ou un peu moins vîte, vers l'état qui convient le mieux à sa conservation.

§. XII.

Des possesseurs de richesses mobilières.

PARMI les *non-propriétaires*, il en est quelques-uns qui ont des moyens de subsistance indépendans de leur travail individuel ; ce sont les *possesseurs de richesses mobilières*, ou *capitalistes*.

La terre seule est productive ; seule elle peut créer de nouvelles richesses ; mais, suivant qu'elle est remuée avec plus ou moins d'activité par la main des hommes, elle est plus ou moins féconde ; suivant que ses productions sont façonnées avec plus ou moins d'art, elles acquièrent plus ou moins de valeur,

& la terre elle-même en devient par-là plus ou moins précieuse. De nouveaux besoins, de nouveaux goûts augmentent la somme des consommations ; on demande une plus grande quantité de productions au même territoire. Le propriétaire en est plus riche ; le travail en est mieux salarié ; la masse des richesses consommables se grossit de jour en jour, et par conséquent la part de chacun dans la distribution est plus considérable. Il y a annuellement d'une part plus de travail, plus de denrées produites, manufacturées, transportées, échangées ; d'autre part, il y a plus de consommations, plus de jouissances.

Mais la consommation n'absorbe pas tout ce qu'opère l'industrie ;

de-là l'accumulation des capitaux dans quelques mains. Ces capitaux ne produisent rien par eux-mêmes, car la terre seule a reçu de la nature la vertu de reproduire ; mais ils servent à alimenter le travail qui prépare de nouveaux moyens à l'industrie, qui donne de nouvelles facilités au commerce ; et, sous ce rapport, ils sont eux - mêmes la cause d'une grande reproduction de richesses. Par cette raison, quoiqu'ils ne donnent pas directement de revenu, ils fournissent néanmoins à celui qui les possède le moyen d'en avoir un. Le possesseur de capitaux les loue à quiconque peut les employer à entretenir des ouvriers et à fonder un travail utile. Pour prix de ce loyer, il reçoit une portion des bénéfices qui résultent de l'emploi; et cette portion qu'il peut consommer, sans entamer son capital, il l'appelle un *revenu*, parce qu'à son égard, elle en remplit toutes les fonctions. Ce n'est autre chose qu'une part prélevée sur le revenu de quelques propriétaires auquel ce travail nouveau a donné de l'accroissement, en augmentant soit la valeur, soit la quantité des productions.

Le prix du louage des capitaux ou la portion revenante à leur possesseur dans les bénéfices, varie en raison de l'état plus ou moins opulent dans lequel se trouve la société. Si la société est peu opulente, les capitaux y sont rares et recherchés, parce qu'il y a peu de richesses accumulées et beaucoup de travaux nouveaux à faire. Alors on y rend aux capitalistes jusqu'à dix ou douze pour cent de leurs fonds, et ils peuvent faire aux propriétaires des conditions encore plus dures. Mais quand la société est depuis long-tems industrieuse et florissante, les capitaux y sont abondans, et il reste peu de travaux utiles à entreprendre. Les capitalistes peuvent à peine retirer trois ou quatre pour cent; et naturellement alors ils portent leurs capitaux dans les pays étrangers, qui peuvent leur offrir un traité plus avantageux.

Les possesseurs de richesses mobilières ne tiennent à aucune société particulière; ils possèdent un instrument utile, mais qui peut se transporter par-tout, et qui va chercher le pays où il est le mieux payé (1). Loin que leur intérêt privé coincide avec l'intérêt général de la société, ces deux intérêts sont au contraire en opposition ; car, plus la société s'enrichit, plus les capitalistes s'appauvrissent : à mesure qu'elle avance vers l'opulence, leurs bénéfices décroissent ; et jamais ils ne doivent plus être tentés de la

---

(1) « Les effets mobiliers, comme » l'argent, les billets, les lettres-de- » change, les actions sur les compagnies, » les vaisseaux ; toutes les marchandises » appartiennent au monde entier qui, » dans ce rapport, ne compose qu'un » seul état, dont toutes les sociétés sont » les membres ». ESPRIT DES LOIX, *liv.* 20, *ch.* 23.

quitter, ou au moins de lui refuser leurs services, que lorsqu'elle est parvenue au dernier degré de prospérité qu'elle puisse atteindre. Dans ce cas même, ils agissent quelquefois comme ennemis; ils prêtent leurs capitaux à des puissances rivales, et fournissent ainsi des armes contre la patrie. Il n'est pas sans exemple que des capitalistes aient eux-mêmes placé des fonds dans des emprunts ouverts par un gouvernement étranger, quoique ces fonds fussent notoirement destinés aux dépenses d'une guerre contre le pays qu'ils habitoient.

§. XIII.

De la souveraineté.

LE pacte social, qui ne doit son existence originaire qu'à une volonté commune, ne peut subsister que par la persévérance de cette même volonté à vouloir tous les actes nécessaires à la conservation de la société.

Ces actes s'appliquent à quatre objets principaux que la volonté commune doit constamment se proposer, et qui sont :

1°. De préserver la société de toute violence de la part des sociétés étrangères ;

2°. De protéger au-dedans chaque individu dans sa liberté et dans sa

propriété, contre tout ce que pourroient tenter le déréglement des
passions et l'égarement de quelques-
uns ;

3°. De multiplier les bienfaits
de l'état social et les avantages de
la propriété, en facilitant la communication des personnes et la cir-
culation des choses, et en assurant
l'exécution de toutes les conven-
tions particulières ;

4°. De maintenir la transmission
paisible et régulière des propriétés
d'une génération à l'autre, de telle
sorte que la fragilité de la vie humaine et la succession rapide des
individus ne puisse jamais nuire à
la perpétuité de l'existence sociale.

Pour arriver à ce but, il faut des
pouvoirs publics qui ne peuvent

être institués que par des loix, et qui ne peuvent agir que conformément à ce que les loix leur prescrivent.

Ces loix doivent être le résultat de cette même volonté commune qui a donné l'existence au corps social, et qui se perpétue avec lui pour le conserver et le rendre heureux.

Cette volonté commune, considérée sous le rapport de la puissance qui lui est attribuée, se nomme *souveraineté*.

Une des observations les plus importantes à faire sur la nature de cette puissance, c'est qu'elle agit sur les personnes non pas d'une manière *directe et absolue*, mais seulement

seulement d'une manière *indirecte et relative*, c'est-à-dire, que les personnes ne lui sont soumises que relativement à ce qu'elles habitent ou possèdent une partie du territoire. Ainsi la souveraineté, de sa nature, est *territoriale*; elle a pour bornes celles du territoire, et elle n'en a pas d'autres. Elle n'exerce de puissance sur les hommes qu'autant que ceux-ci ont un rapport avec le sol qui lui est soumis. En faisant cesser ce rapport, tout homme peut s'affranchir, et il n'appartient plus au souverain.

L'auteur du *Contrat social* a pensé que l'acte qui donnoit naissance au corps politique étoit *une aliénation totale et sans réserve de chaque associé à toute la commu-*

L

nauté (1). Il a considéré cette convention comme une *obligation personnelle* et réciproque de tous les membres envers le souverain. Cependant, ailleurs il ne conteste pas cette vérité énoncée par Grotius ; *que chacun peut renoncer à l'Etat dont il est membre et reprendre sa liberté naturelle en sortant du pays.* Mais il en exempte le cas où la Patrie a besoin de nous (2).

Certes, il y a de la contradiction dans ces différentes assertions. Si l'engagement est personnel, il suit la personne en quelque lieu qu'elle existe. Celui qui a contracté une obligation, un devoir quelconque,

____

(1) *Liv. Ier, chap.* 6.
(2) *Liv. III, chap.* 18.

peut-il s'én affranchir, par un simple déplacement de sa personne ? Qu'est-ce qu'un contrat que l'une des parties contractantes peut rompre à sa volonté et sans le concours de l'autre ? Qu'est-ce en outre que cette liberté de renoncer à la Patrie, que je ne puis cependant exercer, quand la Patrie a besoin de moi ? Et qui aura le pouvoir d'appliquer l'exception ? Qui décidera entre mon penchant à reprendre ma liberté naturelle et mes devoirs envers la Patrie ? Qui sera juge entre moi qui réclame les droits de la nature et une société qui veut me retenir, parce que je lui suis nécessaire ? Dans ce cas, je suis déjà étranger à cette société ; la contestation qui nous divise est devenue *un fait par-*

ticulier sur lequel la volonté générale ne pourroit prononcer (1), car la société est à mon égard un individu, et il n'y a déjà plus de souverain commun entre nous.

Cette opinion dangereuse conduit à soutenir qu'il peut exister des circonstances dans lesquelles une société auroit le droit de retenir un homme sur un territoire qu'il veut quitter. Il en résulteroit donc que la souveraineté peut, en certains cas, toucher à la liberté naturelle, et restreindre ce droit sacré et inaliénable que l'homme a reçu en naissant, comme toute créature animée, d'aller et venir où il espère être mieux.

---

(1) CONTRAT SOCIAL, *liv.* 2, *ch.* 4.

Non ; la société , instituée uniquement pour protéger les droits naturels, ne peut aller contre son but : dans aucun cas, elle ne peut les violer ; nulle circonstance ne légitimeroit un acte contraire à la nature. La tyrannie seule a eu la prétention d'exercer un pouvoir absolu sur les personnes ; la souveraineté légitime laisse en tout tems à l'homme cette alternative : *Voilà le bonheur que je puis t'offrir ici ; s'il ne te plaît pas , cherche ailleurs à être mieux.* C'est le langage que la nature tient par-tout à tous les êtres animés ; c'est la loi sous laquelle respirent toutes les créatures ; c'est un droit qui ne peut les quitter qu'au moment où elles cessent de vivre.

Toute loi qui tendroit à lier les personnes d'une manière absolue est nulle de droit, ou plutôt, ce n'est point une loi. Fût-elle unanimement consentie, elle ne peut avoir d'effet que pendant tout le tems où les consentemens restent unanimes. Lorsque l'Assemblée nationale de France discutoit un projet de loi contre les émigrations, un homme dont le génie s'élançoit vers toutes les grandes vérités, *Mirabeau*, s'écria au milieu des législateurs, qu'il désobéiroit à une loi contre la liberté d'émigrer. Appliquée à tout autre objet, cette hardiesse n'eût été qu'un blasphème absurde.

Une loi qui ordonneroit aux propriétaires de résider sous peine de perdre leurs propriétés, seroit au

contraire une loi obligatoire, quoique probablement très-mauvaise et
très - impolitique : au moins une
telle loi ne tendroit-elle pas à en-
chaîner les personnes d'une manière
absolue.

Enfin ceci ne peut pas non plus
s'appliquer au droit que la société
acquiert contre les personnes qui
se rendent coupables envers elle par
la violation de ses loix : ce droit est
évidemment celui que tout agres-
seur donne sur soi à celui qu'il at-
taque.

La puissance souveraine qui n'est
jamais que relative quant aux personnes, exerce au contraire sur le
territoire un empire tellement absolu, qu'aucune portion de ce territoire ne peut en être affranchie que

par le consentement de la volonté générale. Lors de la division originaire du sol en propriétés particulières, le pouvoir que chaque partageant conserve sur sa portion de territoire, comme propriétaire, est inférieur et subordonné par sa nature au pouvoir que chacun laisse en masse commune, et dont se forme la souveraineté. Au moment où le pacte social est conclu par la volonté unanime des co-partageans, chacun d'eux perd la faculté d'aggréger sa propriété à une autre association, et le droit qu'il a conféré à la souveraineté sur sa portion du territoire est un droit aliéné pour jamais. Il n'y a plus que la volonté commune qui puisse resserrer ou aggrandir le territoire dans les bornes duquel a été circonscrite la souveraineté. S'il en étoit autrement, la sûreté de l'Etat seroit compromise à chaque instant, et toutes les propriétés n'offriroient plus qu'une jouissance incertaine. Les différentes portions du territoire, par leur aggrégation compacte, se servent mutuellement de défense contre l'étranger, de moyens de communication pour les associés. Un changement arbitraire dans la position de l'empire peut lui faire perdre tous ses avantages. Ainsi, de même qu'un propriétaire ne peut soumettre sa propriété à l'empire des loix étrangères, de même la totalité des propriétaires d'une ou de plusieurs provinces, lesquels ne sont à l'égard de la souveraineté qu'une partie sujette, ne pourroient transférer à une autre puissance le droit de souverain sur la portion de territoire dont ces provinces sont composées. Une pareille tentative, si elle avoit lieu, devroit être réprimée par tous les moyens qui ont été mis à la disposition de la volonté commune; car ceux qui ont voulu former un corps politique ont manqué leur but, s'ils n'ont pas organisé cet être moral de manière à ce qu'il veuille et puisse toujours empêcher ce qui nuiroit à son existence. Les propriétaires qui veulent rompre le lien qui les attache à la souveraineté en ont, en tout tems, la faculté; il leur suffit de faire cesser le rapport qui existe entr'eux et le territoire, en abandonnant leur propriété ou même en l'échangeant contre une richesse mobilière, s'ils en ont les moyens. Quelle que soit leur détermination, ils auront opté librement entre un sort plus ou moins aisé, une condition plus ou moins commode ; mais leur liberté individuelle n'a jamais été engagée un seul instant.

C'est ainsi que les droits sacrés de la liberté de l'homme s'accordent avec les principes de la liberté politique. Les despotes retiennent leurs esclaves en les effrayant par l'appareil des supplices ; les prêtres enchaînent les victimes de la superstition en les menaçant de leurs vains fantômes ; le vrai souverain garde ses sujets par le sentiment du bonheur qu'il leur assure, et en leur formant le séjour le plus tranquille et le plus agréable qu'ils puissent espérer en aucun lieu du monde. La tyrannie civile ou religieuse tend à régner sur les personnes; la puissance légitime ne règne que sur le territoire. La première cherche à faire dominer ses volontés, l'autre propose des conditions à des hommes libres; l'une n'a en vue que son bien-être aux dépens de celui de tous, l'autre tend uniquement au bonheur général de l'espèce humaine.

§.

§. XIV.

Que la souveraineté appartient exclusivement aux propriétaires.

L'HOMME isolé est maître absolu de la portion de terre qu'il occupe. Robinson n'étoit pas seulement propriétaire dans son isle, il y étoit souverain. Mais quand plusieurs hommes, en se partageant entr'eux le territoire dont ils sont maîtres, veulent jouir des avantages de la société, alors le droit de chacun d'eux au territoire commun se divise en deux parts. De l'une, il se forme un droit que chaque partageant exercera seul et d'après sa volonté individuelle, et c'est le droit de *simple propriété*. L'autre qui est

M

le complément de la propriété, le droit de domaine supérieur, reste indivis entre tous les associés, pour n'être jamais exercé que collectivement et d'après la volonté commune; c'est ce qui forme la *souveraineté*. C'est à cette volonté commune exclusivement que les associés ont réservé le droit de faire des loix, c'est-à-dire, d'établir les conditions auxquelles la société soumet quiconque veut posséder ou habiter quelque partie de l'empire.

Si l'on suppose rassemblés tous les propriétaires qui se partagent entr'eux la totalité du sol national, certainement une telle assemblée réunit et concentre en elle tous les droits qu'on puisse exercer sur le territoire. Hors de cette assemblée, il n'existe plus personne, dans les limites du domaine commun, qui doive concourir au droit d'y prescrire des conditions. Exceptez les propriétaires, tous les autres habitans occupent le terrein d'autrui ; ils y restent à titre purement précaire : c'est au consentement libre d'un propriétaire quelconque qu'ils doivent la permission d'y demeurer et d'y reposer quelque part. Même, sans avoir recours au droit de souveraineté, les volontés réunies de tous les propriétaires suffiroient, en vertu du droit de simple propriété, pour refuser un asyle et des moyens de subsister à quiconque ne possède aucune portion du sol ; et les non-propriétaires, dans cette hypothèse, se verroient contraints de quitter le pays, à moins de supposer la propriété violée et la force étouffant la justice. Sans doute, bien loin de vouloir éloigner du territoire tous ceux qui n'y vivent que de leurs salaires ou du bénéfice de leurs capitaux, les propriétaires sont puissamment sollicités par leur propre intérêt à les retenir et à les attirer dans le plus grand nombre possible ; mais il faut bien se permettre pour un moment cette hypothèse, toute invraisemblable qu'elle soit, pour mieux sentir à laquelle des deux classes *propriétaire* et *non-propriétaire*, appartient le droit de proposer à l'autre des conditions. Les maîtres du sol ne doivent-ils pas dire : *Voici les conditions sous lesquelles il nous plaît qu'on possède* ou qu'on habite la terre qui nous appartient ? Les non-propriétaires ont-ils d'autre droit que celui d'accepter ces conditions telles qu'elles sont faites, ou de s'y refuser ? et dans ce dernier cas, peuvent-ils faire autre chose que quitter le pays dont les loix leur déplaisent ? Leur accorder un droit plus étendu, c'est renverser toutes les bases de l'ordre social, c'est légitimer toutes les invasions étrangères, c'est réduire toutes les loix à celle du plus fort ; car où il y a opposition d'intérêts et point d'arbitre reconnu des deux parts, il n'y a plus que la violence seule qui puisse décider.

Si l'on veut bien se pénétrer de cette vérité, que la souveraineté n'est absolue qu'à l'égard du terri-

toire, que sa puissance sur les personnes n'est qu'incidente et accessoire, et qu'elle se borne, quant à
elles, à leur prescrire des conditions
avec l'alternative de quitter le territoire, en cas de non-acceptation
de ces conditions (1); si l'on veut

---

(1) Voilà pourquoi la croyance religieuse elle-même ne peut être un prétexte
de résistance à la loi, car on peut satisfaire sa conscience en abandonnant le territoire ; et c'est tout ce qu'une religion
peut prescrire. Celle qui iroit au-delà seroit
coupable et séditieuse. Si les prêtres de la
religion chrétienne vouloient vraiment
suivre la morale de leur sage fondateur,
ils y trouveroient cette doctrine en termes
formels, et ils verroient que c'est aussi
dans ce sens qu'en parlant des devoirs de
l'homme envers Dieu, il met en première
ligne ce que l'on doit à César.

bien ne jamais perdre de vue qu'aucun souverain ne peut aller au-delà, et qu'il n'existe aucun moyen légitime pour une société comme pour un individu, d'acquérir un pouvoir absolu sur les personnes; alors on sentira que la souveraineté n'est qu'une émanation de la propriété primitive, la portion éminente du droit de domaine réel, mise en commun par les maîtres originaires du territoire, pour l'avantage de leur association.

Ainsi, cette portion de pouvoir restée indivise entre les associés, et que chacun d'eux a consenti à détacher de sa propriété individuelle pour l'exercer conjointement avec tous, n'a pas cessé de lui appartenir. Il a seulement renoncé à l'exercer autrement qu'avec le concours de tous les autres associés; et cette renonciation est irrévocable de sa nature, sans quoi la société seroit dans un péril continuel, et n'auroit plus d'existence assurée.

Le droit d'être membre du souverain est donc toujours demeuré inhérent à la propriété; et il s'est transmis avec elle d'une génération à l'autre. Il ne peut être exercé par aucun autre que par les propriétaires; car aucun autre qu'eux ne l'a reçu ni de la nature, ni du pacte social originaire. Dans tout pays où les loix se font d'une autre manière, il n'y a plus de souveraineté, il y a usurpation sur la propriété primitive. Toute autre volonté que celle des propriétaires qui seroit comptée comme faisant partie de la volonté commune, changeroit entièrement la nature du souverain, et lui ôteroit toute liberté, puisqu'il seroit soumis plus ou moins à une influence étrangère.

Par une suite de ses opinions, l'auteur du *Contrat social* (1) pense que *le droit de souveraincté s'étendant des sujets au terrein qu'ils occupent, devient à-la-fois* RÉEL *et* PERSONNEL. Mais ceci implique contradiction; et ces deux qualités *réel* et *personnel* ne peuvent appartenir au même sujet, car elles s'excluent réciproquement. Si le droit est direct et absolu sur les personnes, en telle sorte que le territoire ne

____

(1) *Liv.* 1, *chap.* 9.

lui soit soumis que comme dépendance des personnes, alors le droit
est *personnel*. Si, au contraire, le
droit est direct et absolu sur le territoire, et s'il n'atteint les personnes
qu'en raison de leurs rapports avec
le territoire, dans ce cas, le droit
est *réel*.

Il est évident que, dans tout son
ouvrage, l'auteur a considéré ce droit
comme *personnel*; mais, dans cette
opinion, il falloit soutenir que les
personnes ne pouvoient, même en
quittant le territoire, se soustraire
au droit que la communauté avoit
une fois acquis sur elles.

Il convient que *le droit de chaque
particulier sur son propre fonds est
toujours subordonné au droit que la
communauté a sur tous*; mais il

suppose que *les hommes peuvent s'unir avant de rien posséder*, *et qu'ensuite s'emparant d'un terrein suffisant pour tous*, *ils le peuvent partager*, *selon les proportions établies par le souverain* (1). Mais cette hypothèse est inadmissible ; car alors chaque associé étant à-la-fois co-distributeur et co-partageant, il y auroit dans chaque membre du souverain rivalité et opposition d'intérêts pour la formation de chaque lot. Donc il n'y auroit sur aucun possibilité de connoître la volonté générale, laquelle, ainsi qu'il l'a parfaitement démontré, ne peut jamais prononcer *sur un objet individuel et déterminé* (2). Si l'on ne

____

(1) *Liv. I, chap.* 9.
(2) *Liv. II, chap.* 4.

remonte pas à une époque où le partage du territoire s'est fait avec la plus parfaite égalité possible, il n'y a aucun moyen de se former l'idée d'une propriété légitime.

Sans doute, il est possible d'imaginer une société d'hommes qui possèdent en commun le sol qu'ils occupent ; alors, tant que dure cet état de communauté, chaque associé est co-propriétaire par indivis du territoire, et est à-la-fois, comme tel, membre du souverain, l'un de ces droits étant toujours inséparable de l'autre. Mais la nécessité de circonscrire le droit politique se faisant sentir de plus en plus, à mesure qu'augmentera la population, il faudra circonscrire en même-tems et entre les mêmes individus le

droit

droit à la propriété indivise; et on ne pourra y parvenir que par quelqu'une de ces institutions contraires à la justice et honteuses pour l'humanité, dont tant de sociétés civilisées offrent l'exemple. Ceci ne change rien aux principes qui ont été établis ci-dessus, et prouve seulement qu'une possession indivise entre les maîtres du territoire commun est un état forcé et contre nature qui ne peut avoir une longue durée.

§. XV.

De l'intérêt général des habitans du territoire.

La garantie des propriétés étant la condition essentielle de l'Etat social, sans laquelle il ne pourroit se maintenir, il importe, sur-tout, que le droit de souveraineté qui, par sa nature, est supérieur à celui de propriété, ne puisse être exercé par des mains qui seroient tentées d'en abuser. Les propriétés individuelles, dont l'agrégation forme le territoire commun, n'ont aucun moyen d'échapper au pouvoir absolu du souverain ; et si les membres de la souveraineté n'étoient pas invariablement assujettis par l'intérêt le plus direct et le plus évident au respect des propriétés particulières, l'existence de la société seroit continuellement menacée. Non pas que tous les habitans, sans aucune exception, n'ayent un intérêt commun à la conservation de l'État social dont tous ressentent les effets bienfaisans, dans quelque condition qu'ils existent, et que, par conséquent tous ne doivent également concourir au maintien de l'ordre, sans lequel cet état ne peut subsister ; mais cet intérêt est trop indirect et trop éloigné pour ne pas échapper souvent à la conviction de la multitude. Elle pourroit céder quelquefois aux fausses apparences qui lui montreroient un intérêt plus prochain et plus direct dans une vio-

lation quelconque des propriétés.
Nos passions ne sont autre chose
que l'opposition d'une satisfaction
momentanée et fugitive avec ce
qu'exige notre bonheur permanent;
et la multitude, comme les particuliers, peut se laisser égarer par
ces illusions qui nous font sacrifier
notre propre exiftence à l'impulsion
du moment. Les différentes combinaisons sociales offrent une telle
diversité de chances pour les individus, qu'il en est toujours un grand
nombre qui, n'étant occupés que
de leur situation relative comparée
avec celle des autres, sont tentés
de prendre pour une injustice ce
qui est l'effet inévitable de l'association. Ils ne prennent pas garde
que ces différences qui sont acci-

dentelles pour les individus, sont essentiellement de la nature de l'État social ; que les intérêts personnels de chacun sont les élémens nécessaires pour former l'intérêt commun ; que la machine sociale ne reçoit d'action et de vie que par les mouvemens respectifs des individus pour améliorer leur situation , et par les efforts qu'ils font continuellement pour se déplacer les uns à l'égard des autres ; que, si tous ces déplacemens se font dans l'ordre établi par la loi primitive et sacrée de l'association , qui est la garantie des propriétés, le corps social se conserve sain et vigoureux ; mais que s'ils se font, au contraire, par violence et par désordre, les ressorts se brisent, et il en résulte la destruction de la société. Ils n'aper-

çoivent pas, sur le champ, que toute
Nation qui seroit tentée de violer le
droit de propriété seroit précisément
au même dégré d'égarement que le
suicide qui veut anéantir en lui-
même les sources de la vie. Plus la
société sera civilisée, et par conséquent nombreuse, plus sera considérable la quantité des habitans qui,
peu propres à la méditation, seroient
disposés à adopter d'aussi funestes
erreurs. Les propriétaires, au contraire, même les moins habitués à
réfléchir, concourront d'eux-mêmes
et en obéissant à une impulsion spon-
tanée dont ils ne se rendront pas
compte, à maintenir l'harmonie sociale, au plus haut dégré de perfec-
tion, parce qu'ils porteront toujours
dans leur volonté ce respect reli-

gieux des propriétés, avec lequel on ne peut jamais faire de loix essentiellement mauvaises, et avec lequel il n'est pas de faute qui ne soit bientôt sentie et réparée.

Les propriétaires, quelque peu éclairés qu'il vous plaise de les supposer, sentiront bientôt que leur premier intérêt est d'attirer sur leur territoire commun la plus grande abondance de bras et de capitaux; qu'en augmentant la masse annuelle des travaux, ils ajoutent à la valeur des denrées qu'ils recueillent, et multiplient pour eux les moyens de jouissance; qu'en offrant des encouragemens aux arts et à l'industrie, et des facilités au commerce, ils ouvrent mille sources fécondes de bonheur pour les citoyens, de puissance et de prospérité pour l'Empire ; que pour attacher à un pays les hommes qui y naissent, et y fixer les autres, le plus puissant de tous les liens, ce sont de bonnes loix, c'est-à-dire, celles qui assurent aux habitans l'exercice le plus étendu de leur liberté.

L'autorité des propriétaires n'étant fondée que sur la justice et la raison, ne peut être inquiette ni soupçonneuse. Les inquisitions secrettes, les persécutions, les ordres arbitraires, les attentats à la liberté de penser, de parler et d'écrire, cet arsenal de crimes dont s'environnent les usurpateurs, seront toujours, pour le Souverain légitime, des moyens plus nuisibles qu'utiles dont il se gardera bien de faire usage. Il ne craindra jamais qu'on porte la lumière sur ses titres : ses droits n'ont rien à redouter de l'examen ni de la discussion ; bien loin de nuire à sa puissance , les progrès de la vérité ne peuvent que l'affermir ; la chartre qui le constitue souverain, toute sa politique intérieure et extérieure, se trouvent renfermées dans cet axiome devenu trivial, à force d'évidence : *chacun est maître chez soi* , axiome que l'espèce humaine ne peut méconnoître sans être condamnée à se détruire de ses propres mains.

Quant aux loix de l'impôt, la méditation et l'expérience apprendront bientôt aux propriétaires que, de quelque manière que se fasse le prélèvement de la portion de richesse annuelle destinée à acquitter les dépenses publiques, c'est tou-

jours sur eux , exclusivement, que
cette charge retombe en définitif;
que toute espèce de contribution fi-
nit toujours par tourner, pour eux,
en diminution de revenus ou au
moins en diminution de jouissances;
car si les revenus paroissent quelquefois rester les mêmes par leur
désignation nominale, ils n'en souf-
frent pas moins un déchet réel dans
leurs rapports avec les objets d'é-
ch·nge; qu'étant les possesseurs exclusifs de la terre, source unique
des denrées que l'industrie prépare
pour la consommation, ou que le
commerce va échanger contre des
denrées étrangères , il ne se fait
aucun travail, aucun service dont
ils ne payent directement ou indi-
rectement le salaire ; qu'ainsi tout

ce qui est employé à salarier des services publics, diminue d'autant la masse des salaires destinés à récompenser les services privés.

Ils connoîtront que c'est courir après une chimère que de prétendre taxer la peine et l'industrie ; que c'est une idée absurde et contradictoire que de s'imaginer qu'il soit possible de diminuer la récompense du travail, sans diminuer son activité et ses résultats, de retrancher une partie des salaires, et que la quantité d'ouvrage fait reste néanmoins toujours la même. Ils sentiront bien que le prix du travail n'est, comme toutes les valeurs, que le rapport d'une chose à une autre ; que ce rapport est déterminé par des circonstances tout-à-fait étrangères à l'impôt; que la quantité des demandes comparées avec celle des offres, la somme des bras et des capitaux à employer comparée avec celle des emplois qui leur sont ouverts, règlent nécessairement le taux des salaires et des bénéfices; que, les quantités restant les mêmes de part et d'autre, il est impossible que leur rapport change; que, par conséquent, lorsqu'il survient un impôt qui reprend une partie de la récompense acquise à l'industrie ou du bénéfice des capitaux, si les quantités respectives des demandes et des offres restent les mêmes après cet impôt, il faut que les salaires et les bénéfices haussent de tout le montant de l'impôt pour se retrouver dans le rapport

qui

qui subsistoit auparavant; que si, au contraire, l'impôt ne produit aucune augmentation dans les salaires ou dans les bénéfices, c'est une preuve évidente que les quantités ne sont plus restées les mêmes, et que celle des demandes et des emplois pour le travail a diminué d'autant, c'est un signe certain de décroissement de la prospérité nationale.

Eclairés par leur propre intérêt, les propriétaires du sol ne pourront s'empêcher de voir que la reproduction annuelle de toutes les substances qui se consomment est l'unique source de leurs revenus; que le seul moyen d'ajouter à leurs richesses est de travailler à rendre la reproduction plus abondante; que

O

celle-ci n'ayant d'autre objet que de remplacer ce qui a été consommé, c'est la multitude des consommations qui détermine la quantité des substances à reproduire ; que, par conséquent, empêcher une consommation quelconque, c'est anéantir d'avance une reproduction, et appauvrir un propriétaire. Ils mettront donc tous leurs soins à multiplier et à encourager les consommations. Ils verront qu'une denrée, une fois hors des mains du propriétaire qui la recueille, ne peut plus être taxée, soit dans les mains du fabricant qui la prépare, soit dans celles du négociant qui l'emmagasine, soit dans celles du consommateur, sans que cette taxe ne nuise à la consommation ; que tout impôt indirect est une peine, une amende imposée sur celui qui consomme, dont l'effet nécessaire est de lui faire restreindre sa dépense ; que la réduction des dépenses produit l'avilissement de la denrée qui se trouve alors trop abondante ; et qu'ainsi la diminution survenue dans la consommation d'une année est une cause de stérilité pour les années suivantes, et avilit le fond lui-même dans la main du propriétaire.

Enfin, ils reconnoîtront qu'en élevant le prix de toutes les dépenses, on éloigne les consommateurs étrangers et on dénature les rapports d'échange entre les denrées indigènes et les marchandises des autres nations ; que toute supériorité qui n'est fondée que sur l'industrie et le commerce est incertaine et précaire, car elle ne peut avoir pour cause que l'ignorance ou la mal-adresse des autres peuples; mais que celle qui repose sur les avantages du sol ou du climat est nécessairement attachée à la possession du territoire, et est indestructible comme la nature.

Ainsi l'intérêt particulier des propriétaires s'accordera toujours avec l'intérêt général, et il en résultera nécessairement pour tous les habitans la meilleure législation possible sur les personnes et sur les choses.

§. XVI.

De l'égalité des droits politiques.

L'INÉGALITÉ des propriétés ne peut rien changer à la nature du droit politique, dont l'égalité est un attribut essentiel. Pour former une volonté générale, il faut que tous les élémens qui la composent soient homogènes : or, si on attribue à quelques-uns de ces élémens un droit plus étendu, un pouvoir plus efficace, il n'y aura plus d'homogénéïté ; il y aura des élémens de nature diverse ; il y aura des forts et des foibles ; au lieu de former union, il y aura lutte et discordance ; au lieu de tendre au même but, les efforts se dirigeront d'une partie

O iij

contre l'autre ; les individus privilégiés auxquels on aura attribué un droit éminent, ne s'occuperont que du soin de s'y perpétuer eux et leur race ; et de-là naîtront tous les genres d'usurpation, la distinction des castes, l'avilissement et l'oppression du plus grand nombre.

Par-tout où il y a inégalité de droits politiques, les plus foibles de ces droits doivent finir tôt ou tard par être anéantis. C'est ce qui doit résulter de la distinction établie par la Constitution françoise entre les *Citoyens actifs éligibles* et les *inéligibles*. Rien ne garantit à ces derniers le maintien du droit politique qui leur est accordé, et ils ne le conserveront qu'autant qu'il plaira aux autres. En effet, si les *citoyens éligibles* desiroient s'affranchir du concours des *inéligibles*, il leur suffiroit de le vouloir. Ceux-ci se trouvant obligés de confier aux seuls *éligibles* la totalité de leur droit, il ne leur reste alors aucun moyen légal et constitutionnel de se préserver d'une telle usurpation.

Comme élément primitif de la souveraineté, le droit politique ne peut ni être accru, ni être fractionné. Pour ce qui est élément pur, il n'y a aucun degré intermédiaire entre *exister* ou n'*exister pas*. Ainsi, c'est une suite du pacte social, qu'un propriétaire, quelle que soit l'étendue de sa propriété, ne puisse jamais rien ajouter à son droit politique. S'il pouvoit accroître son droit, les droits politiques des autres

ne seroient plus à son égard que
des fractions, et il n'y auroit plus
de liberté.

§. XVII.

De la mesure naturelle de propriété qui constate l'indépendance.

Lors de l'association originaire qui suppose nécessairement un partage égal du territoire, chaque associé devoit trouver dans le produit de sa propriété, soit qu'il le consommât tout entier, soit qu'il en échangeât une partie, de quoi satisfaire à tous ses besoins. Tous étoient indépendans les uns à l'égard des autres. C'est cette indépendance réciproque qu'ils ont mise en commun, et dont s'est formée la souveraineté, en sorte que chacun est devenu à-la-fois membre et sujet du souverain, par la portion qu’il a acquise dans les droits d’autrui en échange de celle qu’il a donnée dans les siens propres. Si la mise n’eût pas été égale de toutes parts, il y auroit eu injustice et illégitimité dans le contrat. Il étoit donc nécessaire que chacun eût la possibilité de subsister sur le territoire, indépendamment de la propriété d’autrui. Autrement il auroit reçu plus qu’il n’auroit donné : l’association auroit été vicieuse dans son origine.

Cette condition qui étoit essentielle pour la création du corps politique, ne l’est pas moins pour sa conservation ; car la volonté qui le maintient doit être de même nature que celle qui lui a donné l’existence.

Depuis l'association originaire, le nombre des propriétaires indépendans a dû s'accroître prodigieusement. Mais à quelque degré que les progrès de la culture et de la civilisation aient multiplié les ressources d'un pays, on ne peut regarder comme propriétaires indépendans que ceux qui trouvent dans le produit de leur propriété de quoi subsister au moins de la manière la plus frugale que puisse le comporter l'état actuel de la société : or, cette mesure est facile à trouver dans la nature même des choses. La journée de travail tend toujours à se régler sur ce qui est le plus strictement nécessaire à l'ouvrier pour vivre et pour entretenir sa famille. Si le prix de la journée étoit plus élevé, le nombre des ouvriers augmenteroit, et la plus grande concurrence amèneroit le rabais des salaires. Si, au contraire, ce prix étoit insuffisant pour la subsistance de l'ouvrier et de sa famille, la diminution qui surviendroit parmi les ouvriers forceroit à le rehausser (1).

---

(1) Rien n'est moins arbitraire que cette mesure; et ceux qui aiment à chercher la vérité dans l'observation des faits, verront, par l'histoire de tous les tems et de tous les pays, que le prix de la journée de travail tend toujours à s'établir sur l'équivalent de la quantité de nourriture nécessaire à la subsistance de quatre personnes. Chez nous, la journée répond à 8 liv. de pain (sauf les tems de cherté). Dans le 15e siècle où le setier de blé étoit à 1 liv. (8e du marc), la journée de manœuvre étoit à 8 den. (Voy. *Dutot*,

Celui

Celui qui recueille un revenu équivalent à ce prix commun, c'est-à-dire, qui reçoit de sa propriété, toutes charges déduites, le montant du prix de 365 journées de travail, par chaque année ordinaire, a des moyens de subsistance égaux

---

Dupré de S. Maur, etc.) A Athènes, 4 à 500 ans avant notre ère vulgaire, le médimne de froment, mesure du poids de 80 livres, valoit 5 drachmes; et la journée de manœuvre se payoit 3 obol. ou une demi-drachme, qui étoit le 10e du prix du médimne. (V. *Voyag. d Anacharsis*). Dans les pays les plus orientaux, où le riz est la nourriture des pauvres, on retrouve la même proportion entre la quantité de cette denrée communément nécessaire à la subsistance journalière de quatre personnes, et le prix des salaires de manœuvre.

à ceux d'un ouvrier toujours fourni d'ouvrage. Il peut vivre et s'entretenir comme le plus grand nombre, d'une manière tout-à-fait indépendante, et sans être tenu de travailler pour autrui. Le territoire lui fournit gratuitement tout ce qu'un homme peut communément prétendre en échange de son travail journalier. Il est donc placé sur le sol qu'il habite, dans la situation la plus indépendante possible, et comme l'étoient les premiers fondateurs de la société, les maîtres originaires du territoire.

Tout propriétaire qui ne recueille qu'un revenu inférieur à la valeur de 365 journées de travail, ne peut être raisonnablement présumé subsister de son seul revenu. Sans doute, cette assertion peut comporter dans le détail de nombreuses exceptions ; mais quand on opère sur une grande masse d'individus, il y a nécessité de négliger les exceptions, et de prendre la condition moyenne, comme étant celle de tous, sans quoi il n'y auroit pas un seul principe exact, pas une seule règle possible. On peut donc affirmer que quiconque n'a pas, en revenu territorial, ce que le commun des ouvriers reçoit en salaires, est lui-même salarié, et conséquemment ne trouve pas dans le territoire, des moyens suffisans de subsistance. Dès-lors il n'y existe plus d'une manière indépendante ; il y possède moins que l'équivalent de ce qu'y possédoient les associés ori-

P ij

ginaires, les premiers fondateurs de l'Etat. Il a moins que le droit politique, et dès-lors il ne l'a point du tout ; car le droit politique ne peut se fractionner : il est complet, ou il est nul ; on est membre du souverain, ou tout-à-fait hors du souverain ; on fait partie intégrante du corps politique, ou on lui est absolument étranger.

§. XVIII.

De la communicabilité continuelle des privilèges de la propriété.

LE droit politique inhérent à la propriété n'établit entre les hommes aucune sorte d'inégalité, autre que celle qui est nécessairement attachée à l'état social. L'homme qui, dénué de propriété foncière, est privé de l'avantage de se dire : *C'est ici chez moi*, est également privé du droit politique ; mais cette seconde privation n'est pas plus dure que la première dont elle est une conséquence. Si la fierté naturelle à l'homme s'indigne avec raison de ces fictions monstrueuses qui distinguent l'espèce humaine en races

supérieure et inférieure, il y auroit de la démence à se plaindre de
ce que, dans une nation civilisée,
tout individu n'est pas propriétaire.
Quiconque n'a pas reçu cet avantage
en naissant, peut l'acquérir facilement avec un peu de sagesse et
d'économie. Celui qui a des facultés
morales assez perfectionnées pour
attacher quelque prix à l'exercice du
droit politique, trouve dans cette
disposition même les moyens d'y
parvenir, et la société lui offrira
toujours des ressources proportion-
nées à son intelligence. Ne perdons
pas de vue que les propriétés tendent, même malgré ceux qui les
possèdent, à un déplacement continuel, et que l'inégalité des fortunes produit elle-même les causes

qui concourent sans cesse à la corriger. En effet, comme l'habitude des jouissances engendre les besoins et les multiplie, le penchant à dépenser s'attache nécessairement à l'abondance; tandis qu'au contraire le pauvre, accoutumé aux privations, semble n'acquérir que pour amasser, et jouit en imagination de tout ce qu'il épargne sur son travail. Ainsi, le privilége que l'état social donne aux propriétaires est d'une nature tout-à-fait opposée à celle des priviléges que l'orgueil usurpe sur la foiblesse. Ceux-ci tendent à se resserrer dans un petit nombre qui se garde bien d'en laisser rien échapper; mais le privilége de la propriété et tous les droits qui y sont accessoires tendent au contraire à s’étendre sur ceux qui en sont privés. C’est une source toujours ouverte qui se communique à tous les individus, et dans laquelle quiconque le desire puisse journellement et goutte-à-goutte, jusqu’à ce qu’il ait acquis la quantité qui peut le rendre citoyen. Arrivé à ce terme, sa fortune politique est complette, et les plus riches propriétaires n’ont aucune prééminence à prétendre sur lui.

Cette combinaison se trouve dans un accord parfait avec tout ce que peuvent desirer la justice et la prudence pour le plus grand bonheur des individus et pour celui des sociétés.

Les hommes dont les facultés morales ont été tout-à-fait négligées, et dont la vie entière se consume à des travaux pénibles, n'auront point probablement le droit politique ; mais ce droit, dont ils n'ont aucune idée, auroit-il contribué à les rendre plus heureux ? Exposés, comme ils le sont, à tous les genres d'erreur, qui garantiroit à la société qu'ils exerceront ce droit pour son avantage ? Ceux qui ont acquis une propriété ou qui ont conservé celle qui leur a été transmise, n'ont-ils pas, par cela même, une caution de bonne conduite et de sagesse envers la société, tandis que ceux qui ont dissipé leur patrimoine, ou qui n'ont pas su s'en créer un avec des talens, peuvent être raisonnablement réputés vicieux ou imprudens ? Cette présomption, dont l'application en détail entraîneroit beaucoup d'injustices, n'en est pas moins incontestable, prise comme présomption générale.

Ainsi, autant les priviléges factices sont odieux et impolitiques, autant le privilége sacré de la propriété, créateur et conservateur de l'État social, sous quelqu'aspect qu'on le considère, tourne toujours au plus grand bien des sociétés.

§. XIX.

De l'impossibilité de trouver aucun autre signe de circonscription du droit politique.

COMME personne ne révoque en doute l'impossibilité de gouverner un territoire quelconque, continuellement ouvert à tous les hommes qui veulent y venir habiter, sans circonscrire, d'une manière ou d'une autre, le nombre de ceux qui y seront comptés comme citoyens, il est difficile de deviner dans quelle source on puisera des signes distinctifs, entre les divers habitans, si ce n'est dans leur rapport avec la propriété du sol.

N'exigera-t-on pour condition

que d'être né sur le territoire? Mais alors la circonscription seroit à peine sensible, et ceux que l'on retrancheroit du nombre des citoyens seroient en si petite quantité qu'ils ne vaudroient pas la peine d'une exception. D'un autre côté, toutes les bases de la société ne seroient-elles pas renversées, si le mendiant, le vagabond, par cela seul qu'il seroit né sur le territoire, concouroit à la confection des loix, tandis que de riches propriétaires, mais nés sur un sol étranger, verroient leurs propriétés entièrement soumises à une influence aussi dangereuse?

Les autres conditions que l'on pourroit imaginer, comme celle d'avoir habité pendant un tems déterminé, celle de payer telle quotité

d'impôt

d'impôt sous les conditions arbitraires qui supposent avant tout, dans quelqu'un, le droit de les établir. Ce n'est que par une loi qu'on pourroit fixer la mesure quelconque du tems d'habitation, ou du *quantùm* de la taxe, exigés pour être réputé membre du Souverain. Mais, on le répète, qui auroit fait cette première loi ? De quel Souverain seroit-elle l'ouvrage ? Avant de supposer une volonté commune (c'est ce qu'on ne sauroit trop dire), il faut toujours, quoiqu'on fasse, remonter à des élémens primitifs existans indépendamment les uns des autres.

Pour résoudre le problême de la circonscription du droit politique, sortira-t-on d'embarras, comme

Q

l'auteur du *Contrat social*, par le plus étrange et le plus révoltant des paradoxes, en disant qu'il faut des esclaves aux citoyens qui veulent être libres, et que c'est au prix de leur liberté que les Peuples modernes ont aboli l'esclavage (1)? Affreux sophisme, qui condamneroit tous les hommes à l'horrible alternative d'être esclaves ou tyrans,

---

(1) « Je n'entends point que le droit » d'esclave soit légitime, je dis seulement » pourquoi les Peuples modernes qui se » croyent libres ont des représentans, et » pourquoi les Peuples anciens n'en avoient » pas. Quoi qu'il en soit, à l'instant qu'un » Peuple se donne des représentans, il » n'est plus libre, il n'est plus ». CONTR. SOCIAL, *Liv. III*, *chap.* 15. Donc, point de liberté pour un Peuple un peu nombreux qui n'a point d'esclaves.

puisqu'ils ne pourroient exister en société que sous l'une ou l'autre de ces deux formes !

Enfin, adoptera-t-on cet absurde systême qui a si long-tems gouverné l'Europe et qui l'opprime encore de ses débris ? Encore, si on examine avec attention la *féodalité*, qui a dû nécessairement être l'erreur d'un Peuple guerrier et conquérant, il sera facile de reconnoître à travers tous les vices de cette monstrueuse production, qu'elle doit son origine aux principes naturels de la souveraineté territoriale dénaturés par l'orgueil et par l'ignorance.

Un territoire conquis par les armes a dû être le partage d'un petit nombre de guerriers, seuls propriétaires indépendans et seuls exerçant entre eux, à leur manière, les droits politiques. Leur profession les éloignant des travaux et des spéculations champêtres, ils trouvèrent plus commode d'avoir des fermiers perpétuels qui leur rendoient, sous le nom de *cens*, ou de *tribut annuel*, une portion fixe des fruits du territoire, et qui ne pouvoient le céder à d'autres, sans leur permission. Ce fut-là l'origine de toutes les erreurs de ce système. On sépara, dans la propriété, ce qui est, de sa nature, inséparable : on créa une *propriété utile*, qui ne consitoit qu'à recueillir les fruits du sol et une *propriété honorifique* à laquelle furent attachés tous les autres droits de la propriété. Il y eut un propriétaire industriel, sous le nom de *Censitaire*, et un propriétaire politique, sous le nom de *Seigneur*. De-là naquirent les droits de chasse et de colombier, et une foule de prérogatives bizarres, qui toutes étoient évidemment des démembre-mens de la propriété primitive, et ne pouvoient raisonnablement en être détachés. De-là naquit l'avilissement du droit de propriété, qui ne fut plus traité que comme une simple marchandise ; de-là l'orgueil de quelques individus, habitués à agir en maîtres sur les possessions d'autrui, les conduisit bientôt à se regarder comme une caste particulière faite pour commander aux autres, et à transmettre à leur descendance ces imbécilles préjugés, contre lesquels la nature ne cessa de protester de la manière la plus démonstrative, en faisant toujours naître ces êtres privilégiés avec les mêmes infirmités et les mêmes vices que toutes les autres races qu'ils s'obstinoient à traiter d'inférieures.

Il faut pourtant choisir. Telles sont les odieuses extravagances qu'il faut adopter, pour l'organisation des sociétés, si l'on ne veut pas, enfin, réunir sur la tête de l'individu propriétaire tous les droits inhérens à sa propriété, et que la nature des choses rend inséparables.

Il est tems plus que jamais de rappeler cette vérité trop méconnue. Après un long cercle d'erreurs et d'infortunes, la méditation de plusieurs siècles nous ramène enfin aux principes sacrés et inviolables qui ont guidé l'enfance des premières sociétés. Les illusions tombent et leur destruction totale est inévitable. La guerre est allumée de toutes parts contre ces chimères que l'ignorance seule avoit rendu si redoutables ; elles vont disparoître et la terreur ne gouvernera plus les hommes.

Mais à quoi servira ce triomphe, si rien ne remplace l'idole renversée, si les sociétés, après avoir brisé des chaînes oppressives, ne se rangent pas d'elles - mêmes sous le lien commun que leur a indiqué la nature ? L'absence de tout gouvernement est la pire condition des sociétés ; et le plus tyrannique seroit infiniment préférable à l'anarchie, qui n'est autre chose que le despotisme des crimes. Les loix même les plus injustes conservent l'état social ; le défaut absolu de loix l'entraîne à sa destruction. Il y a entre ces deux situations la différence qui existe entre une douleur passagère et les angoisses de la mort.

Chefs des nations, jetez enfin les yeux sur l'abîme qui s'ouvre devant vous ; ce n'est pas dans ce sceptre de fer à demi-brisé que vous devez chercher un appui ; ces innombrables armées qui vous environnent ne menacent pas moins les trônes des Rois que la liberté des Peuples ; des hommes voués par métier au meurtre et au pillage, et comprimés par l'obéissance la plus absolue, sont dans l'état qui répugne le plus à la nature ; ils sont tourmentés par une impatience continuelle, et, dans leur situation forcée, ils sont toujours disposés

au

au mouvement. Vos efforts ne feront que hâter la crise que vous redoutez ; à la première secousse, cet instrument terrible éclatera dans vos mains pour vous réduire en poudre ; offert à quiconque osera le saisir, il deviendra funeste à ceux même qui l'emploieront ; comme une lave brûlante, il se répandra en torrens de feu sur toutes les propriétés pour les dévorer ; et après avoir subsisté quelque tems des débris des sociétés, il finira, faute d'alimens, par se consumer lui-même. Prévenez les calamités qui menacent l'espèce humaine ; et puisque le hasard vous a placés à la tête des empires, profitez des moyens qui sont encore à votre disposition. Appelez autour de vous les maîtres

légitimes, les possesseurs du territoire ; aidez-les de votre puissance
et ils vous aideront de leurs droits,
c'est-à-dire, de tout le pouvoir de
la raison et de la justice. C'est dans
la réunion de tous les intérêts,
c'est dans la convergence de tous
les efforts vers un but commun,
que vous trouverez des forces sûres
et incalculables. Reposez-vous sur
leur prudence ; ils préviendront les
crises trop fortes ; ils éviteront les
convulsions dangereuses ; c'est par
des moyens doux, mais assurés,
qu'ils établiront le règne de la liberté et de l'égalité ; ils affermiront
de plus en plus le véritable souverain sur son trône inébranlable,
et ils vous conserveront cette suprême magistrature dans laquelle

vous trouvez tant de charmes ; ils vous la conserveront, parce qu'il faut un chef à toute administration, et que, la puissance législative étant bien constituée, le choix des fonctionnaires est à-peu-près indifférent à l'Etat.

Peuples de tous les pays, hommes de toutes les conditions, vous que d'antiques illusions enivrent encore d'orgueil et de préjugés, vous que le ressentiment d'une longue oppression excite à la haîne et à la vengeance, tremblez des malheurs que vous préparent vos passions et vos erreurs mutuelles. L'histoire du genre humain n'a présenté, dans aucun âge, des symptômes aussi effrayans ; jamais autant de germes de destruction n'ont été semés parmi les hommes ; une fièvre ardente et contagieuse consume toutes les sociétés, et elles ne diffèrent entr'elles que par les périodes du mal qui peut les dévorer jusqu'à la dernière. Par tout la génération présente se partage en deux parts devenues presqu'irréconciliables, et qui semblent deux espèces ennemies créées pour s'entre-détruire. Hâtez-vous de fermer la tombe qui menace d'engloutir l'espèce toute entière ; songez que les malheurs s'enchaînent les uns aux autres, et que tout désordre est un mal sans compensation. Songez que vous immolez une portion des générations futures par les maux que vous versez sur vos contemporains, et que les seules années fécondes en hommes sont celles qui s'écoulent dans l'ordre et dans la paix. Songez qu'après avoir versé des flots de sang, la victoire ne fait qu'assoupir les querelles, et que des vaincus n'aspirent qu'à de nouveaux combats; que les seuls triomphes durables, les seules conquêtes qui demeurent, ce sont celles qui sont faites par la raison; que la découverte d'une vérité, la défaite d'une erreur sont des victoires dans lesquelles tous les hommes entrent en partage, et qu'ils ne doivent jamais en desirer d'autres.

Méditez donc sur vous-mêmes, au lieu de vous acharner réciproquement à votre perte. La nature qui vous a donné à-la-fois deux penchans irrésistibles, l'instinct de la liberté et celui de la société, n'a pas pu vous condamner sans doute à sacrifier l'un de ces penchans à l'autre. Elle n'a créé de maîtres pour aucun de vous ; abjurez de concert toutes ces idées fantastiques de *races supérieures*, d'*hommes privilégiés*, de *souveraineté abstraite et personnelle* ; oubliez ces mots de *noblesse*, d'*ordres*, de *castes*, et toutes ces expressions indéfinissables qui par-là deviennent autant de cris de guerre. Regardez tous ces droits politiques inégaux, toutes ces volontés ainsi fractionnées comme des rêves de la vanité et de l'ignorance, comme des germes plus ou moins actifs de division dans le corps social, qui doivent tôt ou tard le conduire à sa dissolution. Jetez autour de vous un œil froid et attentif. Que découvrez-vous de réel dans les sociétés, sinon des hommes et la terre dont ils consomment les productions? Des nations distinctes les unes des autres, uniquement par les différentes sections de territoire dont elles sont maîtresses? Par-tout des individus égaux par nature et inégalement dotés en propriétés, par l'effet nécessaire des combinaisons de l'état social? Toute autre distinction n'est que le fruit des délires de l'imagination. Ralliez-vous donc autour de la propriété du sol; reconnoissez-y l'origine primitive de tous les rapports des hommes entr'eux, la cause première et la condition inséparable des droits qu'ils consentent à s'attribuer les uns sur les autres; l'agent créateur et conservateur de la machine sociale ; enfin, la source commune où tous les hommes puisent des moyens de jouissance ou d'émulation. En laissant dans la main des propriétaires le scèptre de la législation, vous échappez à tous les usurpateurs, vous évitez de vous donner des maîtres ; les propriétés sont le lot momentané de quelques-uns, mais elles sont le bien de tous ; rien ne peut empêcher qu'elles ne changent perpétuellement de mains. Soumises à l'action non-interrompue des besoins réciproques de tous les hommes qu'elles nourrissent, leur mobilité même est la cause toujours agissante du mouvement et de la vie des sociétés. Si vous placez ailleurs la volonté du corps politique, alors vous vous mettez dans une alternative dont les deux termes vous seront également funestes. Ou l'amour de la propriété créera des fictions aristocratiques qui tueront la liberté, ou l'amour de la liberté enfantera une démocratie désordonnée qui dévorera les propriétés. En voulant séparer ce que la nature des choses rend inséparable, vous ne pouvez éviter l'un ou l'autre de ces excès. Resserrez au contraire le droit politique dans ses limites naturelles, alors, la liberté et la propriété, garanties l'une par l'autre, seront également assurées à tous.

Et vous, écrivains de tous les partis qui, au lieu de ramener les hommes à la voix de la raison, ne vous adressez jamais qu'à leurs passions; vous qui, comme autant de trompettes meurtrières, ne faites de bruit que pour les animer aux combats et les porter à s'entre-détruire; vous qui, depuis trop longtems, prostituant ce que l'homme a de plus saint et de plus utile, la pensée et la presse, n'en avez fait que des instrumens de mort, et semblez, dans vos sectes ennemies, vous être tous voués à l'apostolat du désordre universel, soyez au moins conséquens les uns et les autres dans vos opinions systématiques.

Vous, écrivains serviles, qui voudriez anéantir dans l'homme le plus noble et le plus indestructible de ses sentimens, celui de l'égalité, vous qui ne connoissez d'autres ressorts politiques que la dégradation d'une immense majorité de l'espèce humaine, dites-nous donc, au moins, à quels signes les races inférieures pourront reconnoître celles que vous destinez à commander, ou, si ce droit de supériorité que vous nommez *noblesse* n'est fondé que sur la naissance, enseignez - nous donc comment le premier d'une race l'a reçu de ses égaux pour le transmettre à ses descendans (1). Puisque vous

---

Quelques historiens ont soutenu que, dans les premiers tems de la Monarchie françoise, il n'y avoit, parmi les Francs, qu'un seul ordre de citoyens. Croiroit-on que c'est l'auteur de l'*Esprit des Loix* qui appelle cette opinion *une prétention injurieuse au sang de nos premières familles, ainsi qu'aux trois grandes maisons qui ont successivement régné sur nous ? L'origine*

proclamez l'inégalité, commencez donc par apprendre à cette quantité prodigieuse d'hommes imparfaits, condamnés à naître, vivre et mourir dans l'humiliation, à quelle époque fatale a été aliénée pour eux la plus belle portion de leurs droits naturels. Dissertateurs politiques, qui croyez gouverner les Nations avec ces mots insignifians que vous

----

de leur grandeur, s'écrie-t-il, n'iroit donc point se perdre dans l'oubli, la nuit et le tems ! L'histoire éclaireroit des siècles où elles auroient été des familles communes ! (*liv.* 30, *ch.* 25.) Quelle grandeur que celle qui cesseroit d'être, si on cessoit d'oublier son origine ! quels titres que ceux qu'il faut soigneusement envelopper de la nuit la plus épaisse ! quels droits que ceux qui s'évanouiroient à la seule approche du flambeau de l'histoire !

répétez

répétez sur la foi d'autrui et auxquels aucune idée claire et précise n'a pu s'attacher jusqu'à présent, vous, qui vantez sans cesse *la balance des pouvoirs*, *l'opposition des prérogatives*, *la pluralité des chambres*, vous qui voudriez créer des distinctions idéales, des patrimoines imaginaires, comme s'il n'existoit pas déjà assez d'alimens aux passions humaines, n'apercevrez-vous jamais que vos moyens sont directement contraires à l'objet de vos recherches ? Que ce n'est pas sur la rivalité des prétentions, sur la lutte des priviléges, sur l'agitation continuelle de ce flux et reflux d'intérêts contradictoires qu'on peut espérer de fonder l'ordre et la stabilité des gouvernemens ? Que le

S

terme prochain et inévitable de ces oppositions et de leurs mouvemens respectifs, c'est le triomphe de l'une des parties et l'asservissement des autres, et que la liberté des Peuples ne peut longtems demeurer assise en équilibre sur vos bascules politiques, sans que l'un des côtés ne l'entraîne bientôt dans sa chûte? Ne voyez-vous pas que partout la solidité des machines est en raison inverse de leur complication, et que c'est la réunion des efforts qui seule produit la force? Qu'un intérêt national ne peut naître que de la coïncidence de tous les intérêts particuliers en un même point, et qu'il n'est point de volonté générale, s'il n'existe un centre commun vers lequel tendent en même-tems toutes les volontés individuelles ? Cessez donc de vous peindre la liberté se débattant sans cesse au milieu des orages, et luttant contre des flots prêts à l'engloutir ; songez qu'une fois établie, elle est nécessairement l'état de paix, comme l'esclavage est toujours l'état de guerre.

Vous, écrivains forcenés, qui égarez le plus précieux instinct de l'homme, l'amour de l'égalité, et qui, avec ce mot sacré, remplissez de terreur les ames douces et paisibles, et portez l'effroi jusqu'au sein des propriétés, vous parlez sans cesse de *République*, et vous n'avez pas encore pensé à définir quels sont les *citoyens* dans un état ; toutes vos pages annoncent la souveraineté du Peuple, et vous n'avez pas consacré une seule ligne à nous apprendre quels sont les membres du souverain et quels individus doivent être comptés pour le Peuple d'un empire, quand il s'agit d'exercer la suprême puissance. Vos idées confuses s'enveloppent dans des expressions vagues et générales, dont vous éludez toujours la définition; et avançant au milieu de ces ténèbres, le désordre de vos pensées entraîne celui des Peuples qui vous écoutent. Insensés déclamateurs, cessez de parler de *patriotisme* avant de savoir par quels moyens l'homme acquiert une patrie; commencez par connoître ce qu'est un *citoyen*, et alors vous pourrez apprendre comment la liberté politique se fortifie par l'âge et s'alimente de ses propres fruits ; comment elle enfante des héros par ses bienfaits, et comment enfin toutes les douceurs de la vie sociale s'unissent à la sainte énergie des vertus républicaines.

F I N.

TABLE.

Fin de la Table.

De l'Impr. de TESTU, Imprimeur-Libraire, rue Hautefeuille, n°. 14.